Benedikt Peters
Geöffnete Siegel
Leitlinien der Zukunft im Buch der Offenbarung

Benedikt Peters

Geöffnete Siegel

Leitlinien der Zukunft im Buch der Offenbarung

Schwengeler-Verlag
CH-9442 Berneck

CIP-Titelaufnahme der Deutschen Bibliothek:

Peters, Benedikt:
Geöffnete Siegel: Leitlinien der Zukunft im Buch der Offenbarung/
Benedikt Peters. – Berneck: Schwengeler, 1990

(TELOS-Bücher; Nr. 1330: TELOS-Paperback)
ISBN 3-85666-135-2

NE: GT

TELOS-Bücher
ISBN-Nr. 3-85666-135-2

TELOS-Paperback-Nr. 1330
© 1990 by Schwengeler-Verlag, CH-9442 Berneck
Umschlag und Gesamtherstellung:
Cicero-Studio am Rosenberg, Berneck/Schweiz

Inhaltsverzeichnis

Meiner lieben Helene

Das grosse Geschenk

Eines der grössten Geschenke, die Gott dem Menschen mit der Bibel macht, ist die zuverlässige Enthüllung zweier Dinge, die dieser nicht anders als durch Offenbarung wissen kann; denn niemand als der Ewige, der über Zeit und Raum erhaben ist, kann dem Geschöpf sagen, welches sein Anfang und welches sein Ende ist. Im ersten Buch der Bibel werden wir über unsere *Herkunft,* im letzten Buch der Bibel über unsere *Zukunft* unterrichtet.

Halten wir einen Augenblick inne und bedenken wir, wie unsagbar reich uns solches Wissen macht:

Erstens kann nur ein Wissen um unsere Herkunft Licht in die rätselhaften Bedingungen menschlicher Existenz bringen. Woher kommt es, dass wir einerseits Sinn für das Schöne, das Gute und das Wahre haben, uns an Harmonie in Farbe, Form und Klang erfreuen, andererseits aber so widerliche Züge wie Verlogenheit, Neid, Hass und Gier besitzen? Und woher kommt denn Leid? Warum tun Dinge weh? In den ersten drei Kapiteln der Bibel gibt uns Gott auf diese sonst unlösbaren Fragen Antwort.

Wenn sodann ein Wissen um die Herkunft erklärt, *woher* menschliches Leid rührt, dann sagt uns ein Wissen um die Zukunft, *wozu* alles Leid dient; denn der Gang des Menschengeschlechts durch die Jahrtausende hat ein Ziel. Und diesem Ziel dient alles, auch Leidvolles, was wir in den flüchtigen Jahren individuellen und was die Menschheitsfamilie in den Millennien gemeinschaftlichen Daseins durchmacht. Kurz und gut: Unser Leben gewinnt erst dann vollen und damit vollkommen befriedigenden Sinn, wenn wir wissen, woher wir kommen und wohin wir des Weges sind.

Drittens lehrt uns das Wissen um Woher und Wohin, wie wir unseren persönlichen Weg durch die verwirrend komplexe Welt der Erscheinungen, Mächte, Kräfte und Ideen zum Ziel der Zeit finden können.

Was uns das prophetische Wort gibt, hat uns der alte Apostel Petrus kurz vor seinem Heimgang gesagt:

«So besitzen wir das prophetische Wort befestigter, auf welches zu achten ihr wohl tut, als auf eine Lampe, welche an einem dunklen Ort leuchtet, bis der Tag anbricht und der Morgenstern aufgeht in euren Herzen» (2. Petr. 1,19).

Der Titel des Buches

Wie in so vielen Fällen nennen wir das ganze Buch nach dem ersten Satz oder nach dem ersten Wort desselben. So haben wir es hier denn mit der **Offenbarung Jesu Christi** zu tun. Das bedeutet zweierlei, je nachdem, wie man den Wesfall deutet: Offenbarung, die Jesus Christus offenbart. Er ist dann *Gegenstand* der Offenbarung. Oder aber: Offenbarung, die von Jesus Christus stammt. Er ist dann *Urheber* der Offenbarung. Natürlich stimmt beides. Jesus Christus ist das ewige Wort. Alle und jede Offenbarung an den Menschen geht daher von Ihm aus. Das sagt uns auch der erste Vers des Buches:

«Offenbarung Jesu Christi, welche Gott ihm gab, seinen Knechten zu zeigen, was bald geschehen muss...» Es ist also die Enthüllung, die der Herr Jesus dem Menschen zeigt. Macht das uns beim Lesen des Buches nicht zuversichtlich? Er hat es uns gegeben, weil Er uns Seine Absichten zeigen will. Und wenn Er will, dass wir sie erkennen und verstehen, dann dürfen wir Ihm doch wohl vertrauen, dass Er uns Verständnis schenkt. Das Problem ist meist, dass wir Ihm zu wenig vertrauen, auch hierin.

Aber Er ist auch Gegenstand aller Offenbarung. Und wir wollen dieses Buch auch so lesen. Wir wollen *in erster Linie* den Sohn Gottes selbst darin erkennen, Ihn in Seiner unverbrüchlichen Liebe und Treue zu den Erlösten, Ihn in Seiner Heiligkeit und unbeugsamen Majestät gegenüber aller Gottlosigkeit des Menschen; wir wollen Ihn als den Schöpfer und als den Erlöser sehen, der deshalb kommt, um eines Tages über Seine Schöpfung zu regieren; und als den Ewigen, der im Anfang war, der ist und der sein wird, und den Allmächtigen. Wir wollen Ihn als das geschlachtete Lamm sehen, das uns erst das Herz und die Mitte aller göttlichen Regierung erhellt.

Was will uns Gott mit diesem Buch sagen?

Kann es ein Zufall sein, dass alle Mitteilungen an den alten Apostel Johannes mit einer Schau des Menschensohnes selbst beginnen? Ist es nicht so, dass wir auch dieses Buch um so besser verstehen, je inniger wir zuvor Jesus Christus selbst erkannt haben? Wenn auch wir danach trachten, in all diesen Weissagungen Ihn zu erkennen, dann werden wir sicher nicht irren, selbst wenn wir manches Detail nicht verstehen und im Ablauf der prophetischen Ereignisse korrekt einzuordnen vermögen; suchen wir hingegen in den Prophezeiungen lediglich unsere Neugierde zu befriedigen, wollen wir nichts als aufregende Enthüllungen über zukünftige politische, militärische und wirtschaftliche Geschehnisse, werden wir ganz gewiss in die Irre laufen, wir werden dann am Sinn des Buches vorbeigehen. Gott hat es uns nicht gegeben, um menschliche Neugierde oder Lust an origineller Spekulation zu befriedigen.

Warum enthüllt uns Gott denn die Zukunft?

Warum uns Gott das Ziel aller Dinge geoffenbart hat, das wurde in der Einleitung bereits gesagt. Es bleibt aber die Frage: Warum zeigt uns der Herr Ereignisse auf dem Weg zu diesem Ziel, die den allergrössten Teil der Erlösten nicht direkt betreffen, weil sie einmal längst nicht mehr leben oder vorher in den Himmel aufgenommen worden sind (1. Thess. 4,16+17; Phil. 3,20+21)?

Gott enthüllt uns die kommenden Gerichte, die über eine gottlose Menschheit hereinbrechen werden, *um uns zu erziehen*. Er will uns lehren, in dieser Welt nach Seinen Gedanken zu leben. Dazu ist auch eine Kenntnis des wahren Wesens der Welt – es ist götzendienerisch und rebellisch (9,20+21; 16,9) – wie auch des Endes dieser Welt nötig.

Das Buch der Offenbarung zeigt, dass Gottes gerechter Zorn die Welt treffen wird, weil ihr Wesen Gott so vollkommen entgegengesetzt ist. Daher kann ich als Erlöster nicht mit diesem System sympathisieren oder, schlimmer noch, paktieren. Tue ich es doch, verrate ich meinen Erlöser, der sich für uns dahingegeben hat, «auf dass er uns herausnehme aus dem gegenwärtigen bösen Zeitlauf» (Gal. 1,4). Das Buch der Offenbarung zeigt mir, dass die Welt, angeführt vom Fürsten dieser Welt, «Krieg führt mit dem Lamme» (17,14). Die Welt hasst den Sohn Gottes (Joh. 15,9) und sie hasst alles, was an Ihn erinnert, und das sind besonders die an Ihn Glaubenden (Off. 12,17; 18,24). Und so wird die Welt nicht etwa erst während der sogenannten «Drangsalszeit» sein; nein, sie ist jetzt schon so. Daher will ich hier und jetzt *in Absonderung von* aller Eitelkeit, allem Götzendienst und aller Selbstgefälligkeit der Welt leben und stattdessen in um so entschiedenerer *Hingabe dem Sohn Gottes* nachfolgen.

Kenntnis über die fortschreitende Degenerierung der menschlichen Zivilisation, bis sie endlich von Gott weggefegt werden muss, will mich auch rechtschaffen nüchtern machen, will mich befreien von allen naiven Utopien von Weltverbesserern. Um es noch deutlicher zu sagen: *Der Christ hat keinen Auftrag, die Welt zu verbessern.* Seine Aufgabe ist es, durch ein Leben und Lehren der Wahrheit des Evangeliums, Menschen für Jesus Christus und damit für die ewige Herrlichkeit, für die zukünftige Welt zu gewinnen. Das Buch der Offenbarung will uns also davor bewahren, unsere Zeit und unsere Energie am falschen Ort und für das falsche Ziel einzusetzen.

Das Thema des Buches

Das Thema des letzten Buches der Bibel ist das Kommen Jesu Christi, des Messias Israels, des Schöpfers und Retters der Welt. Er kommt, um Sein lange verheissenes Reich aufzurichten.

Er hat alles erschaffen und hat daher als Schöpfer Anrecht auf den Dienst aller Seiner Geschöpfe (Kapitel 4), und Er ist darüber hinaus der Erlöser, der deshalb ein doppeltes Besitzrecht auf den Menschen hat (Kapitel 5). Weil nun der Mensch – vom Widersacher Gottes angestiftet und angeführt – sich diesem Verfügungsrecht widersetzt, muss ihn sein Schöpfer richten, weil er den Erlöser schmäht, trifft in dessen, nämlich des Lammes Zorn (6,16). Das ist der Grund, weshalb in diesem Buch Gerichte einen so breiten Raum einnehmen. Das Ziel und das Ende aller Gerichte ist aber eine herrliche Zukunft, in der das Böse auf immer gerichtet und eine erlöste Menschheit die Herrlichkeit des Erlösers selbst teilt.

Das Buch ist «Offenbarung» oder «Enthüllung». Es enthüllt uns neben dem Sohn Gottes auch die im Verborgenen wirkenden Mächte und Kräfte, die das Tun des Menschen treiben und lenken. Es zeigt, dass der Mensch, anstatt von Gott geführt, von Satan verführt wird, und dass er, anstatt Gott ähnlich dem Verführer gleich wird. Nicht Wahrheit und Liebe, sondern Lüge und Hass kennzeichnen ihn (Joh. 8,44). Ein wahrhaft erschütterndes Bild!

So zeigt uns dieses Buch, dass der Mensch sich in Tat und Wahrheit nicht emporentwickelt, immer zivilisierter und humaner wird; das Gegenteil ist der Fall. Er degeneriert zusehends, wird immer barbarischer, um am Ende mehr bestialisch denn menschlich zu sein.

Enthüllt uns dieses Buch den gefallenen, dann auch den erlösten Menschen; und offenbart es das Ende des Sünders, dann auch das Ziel des Heiligen. Wird der Sünder am Ende dem Tier, dann sehen wir am Ende den Erlösten seinem Herrn vollkommen gleich sein.

Eine Einteilung

In Kapitel 1,19 sagt der Herr dem Apostel Johannes: «Schreibe nun, was du gesehen hast, und was ist, und was geschehen wird nach diesem.» Genau das hat Johannes mit dem Buch der Offenbarung getan. Es lässt sich entsprechend in die drei Hauptteile gliedern:

I. «Was du gesehen hast» – Kapitel 1
II. «Was ist» – Kapitel 2 und 3
III. «Was sein wird nach diesem» – Kapitel 4–22.

Man kann das ganze Buch dann wie folgt einteilen:
1. Einleitung: 1,1–8
2. «Was du gesehen hast»: Die Erscheinung des Menschensohnes: 1,9–20
3. «Was ist»: Die Sendschreiben an die sieben Gemeinden: 2,1–3,22
4. «Was sein wird nach diesem»: Von der Entrückung der Gemeinde bis zur Offenbarwerdung des Königs der Könige: 4,1–22,5
5. Schlusswort: 22,6–21

Kapitel 1

Prolog (1,1–8)

«Offenbarung Jesu Christi, welche Gott ihm gab, um seinen Knechten zu zeigen, was bald geschehen muss; und durch seinen Engel sendend hat er es seinem Knechte Johannes gezeigt, der bezeugt hat das Wort Gottes und das Zeugnis Jesu Christi, alles was er sah.»

Jesus Christus zeigt Seine Offenbarung «seinen Knechten», solchen also, die ihm dienen, nicht solchen, die sich selbst suchen. Und ist nicht genau das allzuoft gerade im Zusammenhang mit der Offenbarung geschehen? Einige trachten, mit originell sein wollenden «neuen Einsichten» Eindruck zu machen und sich eine Gefolgschaft zu sichern; andere suchen hierin lediglich ihren Hang zu Spekulation und Gedankenspielerei zu befriedigen. Wer, sei es auf genannte oder andere Art, nicht dem Sohn Gottes und damit auch den Kindern Gottes dienen will, wer in der einen oder anderen Form sich selbst sucht, wird den eigentlichen Sinn auch dieses biblischen Buches nicht verstehen.

Sodann gab Jesus Christus Seinen Knechten dieses Wort, damit sie, gleich Johannes, «das Wort Gottes und das Zeugnis Jesu Christi» bezeugen. Gott hat uns nie Sein Wort gegeben, damit wir uns bloss privat daran ergötzen, sondern damit wir das, was Er uns anvertraut, bezeugen, *den Glaubensgeschwistern zum Segen und Ungläubigen zum Heil*. Vergessen wir diese beiden Voraussetzungen nicht zum Verständnis dieses wie jeden biblischen Buches.

«Glückselig, der da liest und die da hören die Worte der Weissagung und bewahren, was in ihr geschrieben ist; denn die Zeit ist nahe.»

«Glückselig» ist, wer die Worte dieses Buches hört und bewahrt. Die Verheissung lässt uns an die Tragödie im Garten Eden denken. Dort hatte der Mensch Gottes Wort für nichts geachtet, hatte der Lüge der Schlange geglaubt und war so unter den Fluch gekommen. Heil und damit Glückseligkeit kann für den Menschen nicht anders kommen, als dass er die Sünde seines Ungehorsams und Unglaubens bekennt und beginnt, auf Gottes Wort zu hören. Das Wort «glückselig» kommt siebenmal vor in unserem Buch; ausser hier noch in 14,13; 16,15; 19,9; 20,6; 22,7 + 14. Die letzte Stelle erinnert uns daran, dass es diesen herrlichen Wandel von Fluch zu Glückseligkeit nur deshalb geben kann, weil ein Unschuldiger für uns zum Fluch wurde (Gal. 3,13) und uns in Seinem Blut von unseren Sünden reinwusch (siehe auch 1,5). Das ist aber nichts als Gnade.

Gehen wir in Gedanken noch einmal zurück ins Paradies: Der Mensch war von Gott unter die Bedingung gestellt worden, Ihm zu gehorchen, wollte er das Leben nicht verlieren (1. Mose 2,17). Er vermochte der Verantwortung nicht zu genügen. In Jesus Christus wird dem Glaubenden das Leben geschenkt, und zwar so, dass er es anders als Adam nie mehr verlieren kann; denn der Sohn Gottes übernimmt als der «Bürge eines besseren Bundes» (Hebr. 7,22) letztlich die Verantwortung für die Bewahrung der Seinen. So macht die Gnade Gottes alles auf ewig fest (Röm. 11,29). Wahrlich, glückselig, wer Sein Wort hört und dem glaubt, der Ihn gesandt hat, denn der hat ewiges Leben und kommt *nie* ins Gericht, sondern *ist vom Tod zum Leben hinübergegangen* (Joh. 5,24).

«Johannes den sieben Versammlungen, die in Asien sind: Gnade euch und Friede von dem, der da ist und der da war und der da kommt, und von den sieben Geistern, die vor seinem Throne sind, und von Jesus Christus, welcher der treue Zeuge ist, der Erstgeborene der Toten und der Fürst der Könige der Erde!»

Der Ewige, der durch Seinen Geist an allen Orten wirkt – darum «sieben Geister» –, um Gottes Herrschaft – daher sind sie «vor dem Throne» – in den Herzen der Menschen aufzurichten und Jesus Christus, der einst als Fürst der Könige der Erde über allen herrschen wird, der dreieinige Gott, gewährt dem Glaubenden *Gnade*, und weil Er sie gewährt, ist das Ergebnis *Friede*. Anders kann es keinen Frieden geben, aber so: Wie gross, wie gewiss der Friede.

Von Jesus Christus wird gesagt, dass Er der «treue Zeuge» ist: Zum Heil (Joh. 5,24) wie zum Gericht (Joh. 12,48) wird Er alles erfüllen, was Sein Wort je gesagt hat. Für die Gewissheit Seiner Worte verbürgt Seine Auferstehung. Als Er als «der Erstgeborene der Toten» auferstand, bewies Er, dass Er «den Tod zunichte gemacht und Leben und Unverweslichkeit ans Licht gebracht» (2. Tim. 1,10) hatte, bewies Er, dass keines Seiner Worte «auf die Erde gefallen» (1. Sam. 3,19) war. Das ganze vorliegende Buch will gewiss dieses eine bewusstmachen: Gottes Worte gehen in Erfüllung. Keine Verheissung, keine Gerichtsandrohung ist je ein leeres Wort gewesen. Am Ende wird der «treue Zeuge» sagen können: «Es ist geschehen» (21,6).

«Dem, der uns liebt, und uns von unseren Sünden gewaschen hat in seinem Blut und uns gemacht hat zu einem Königtum, zu Priestern seinem Gott und Vater: Ihm sei die Herrlichkeit und die Macht von Ewigkeit zu Ewigkeit! Amen.»

Johannes unterbricht hier seine Gedanken und bricht in Anbetung aus, wie es auch ein Paulus in Römer 11,33–36 getan hatte. Er konnte nicht anders. Dass der Herr «der treue Zeuge» ist, bewies auch Sein Kreuzestod. Dort erfüllte Er Sein unumstössliches Wort: «Des Tages du davon issest, wirst du gewisslich sterben» (1. Mose 2,17). Den Lohn der Sünde, den Tod, nahm der Schöpfer des Menschen für Seine Geschöpfe selbst auf sich. Er trug unsere Sünde, Er wusch uns in Seinem Blut rein, rein vor einem unbestechlichen Richter, der Sünde in Seiner Gegenwart nicht dulden kann. Und nicht genug damit, dass Er uns reinigte: Er, der als «Fürst der Könige der Erde» einst über die ganze Schöpfung herrschen wird, lässt uns an Seiner Herrschaft teilhaben; wir werden ein «Königtum» genannt. Und als Priester sind wir berufen, Ihn und Seinen Gott und Vater anzubeten. Dazu hat Er uns ehemalige Empörer und Gotteslästerer erlöst (1. Petr. 2,3–5).

«Siehe, er kommt mit den Wolken, und jedes Auge wird ihn sehen, auch die ihn durchstochen haben, und wehklagen werden seinetwegen alle Geschlechter der Erde. Ja, Amen».

Das Wissen um Sein Kommen ist den Erlösten Grund zur Freude und Anbetung, wie eben sichtbar wurde; den Ungläubigen wird es ein Tag des Schreckens sein. Mit einemmale wird ein jedes Auge Ihn sehen. Für den sündigen Menschen ist das ein unerträglicher Anblick. Aber Er wird kommen, «Ja, Amen.» Amen ist hebräisch und bedeutet «gewiss». Man könnte auch etwa sagen: «So ist es.»

«Ich bin das Alpha und das Omega, spricht der Herr, Gott, der da ist und der da war und der da kommt, der Allmächtige.»

Jesus Christus ist der grosse «Ich bin», dem wir im Johannesevangelium so oft begegnen. Er ist das Alpha und das Omega, der erste und der letzte Buchstabe des griechischen Alphabets. Er ist also «der Erste und der Letzte» (1,17). Die Buchstaben des Alphabets bedeuten natürlich auch, dass er «das Wort Gottes» (Joh.

1,1; Off. 19,13) ist. Gleichzeitig ist Er «Gott, der Herr», das ist der im Alten Testament geoffenbarte *Jahwe Elohim*. Er ist «der da ist und der da war» der ewig Seiende. Das ist eine neutestamentliche Wiedergabe Seiner Selbstoffenbarung an Mose im Dornbusch: «Ich bin, der ich bin – ich werde sein, der ich sein werde» (2. Mose 3,14). Und Er ist der Kommende, das ist der von den Juden erwartete Messias (vergleiche Matth. 11,3; Joh. 4,25). Und schliesslich ist Er der Allmächtige. Es ist dieses eines der eindrücklichsten Bekenntnisse zur Gottheit Jesu Christi im ganzen Neuen Testament. (Man vergleiche auch 22,13.) Darum beten wir Ihn an und fallen gleich einem Thomas vor Ihm nieder und bekennen: «Mein Herr und mein Gott!» (Joh. 20,28).

Teil I:

«Was du gesehen hast» – Kapitel 1

Kapitel 1,9–20

«Ich, Johannes, euer Bruder und Mitgenosse in der Drangsal und dem Königtum und dem Ausharren in Jesu, war auf der Insel, genannt Patmos, um des Wortes Gottes und des Zeugnisses Jesu willen. Ich war an des Herrn Tage im Geist, und ich hörte hinter mir eine laute Stimme, wie die einer Posaune, welche sprach: Was du siehst, schreibe in ein Buch und sende es den sieben Versammlungen: nach Ephesus und nach Smyrna und nach Pergamus und nach Thyatira und nach Sardes und nach Philadelphia und nach Laodizäa.»

Das Schicksal des Johannes ist beispielhaft: Wer am Königtum teilhat, muss zuerst «ausharren in Jesu» (Kol. 1,11; Hebr. 12,1). Wir müssen, wie Paulus sagt, «durch viele Trübsale hindurch in das Reich Gottes eingehen» (Apg. 14,22; 1. Thess. 3,3 + 4). Und was ist der Anlass zu den Trübsalen? Was war der Anlass zur Verbannung auf die Insel Patmos? Das Festhalten am Wort Gottes und das Bekenntnis Jesu Christi. Johannes hat bis heute viele treue Nachfolger gehabt, die mit ihm und mit Paulus erlebten: «Wer gottselig leben will in Christus Jesus, wird verfolgt werden» (2. Tim. 3,12). Die Welt hat sich seit den Tagen Jesu und der Apostel nicht geändert, und Er hat uns gesagt: «Wenn ihr von der Welt wäret, würde die Welt das Ihrige lieben; weil ihr aber nicht von der Welt seid, sondern ich euch aus der Welt auserwählt habe, darum hasst euch die Welt» (Joh. 15,19). Das Wort Gottes ist auch heute der Welt anstössig, das Zeugnis Jesu Christi ist ihr ein Greuel. Warum? Weil es ihre Eitelkeit und Verlogenheit blossstellt. Darum muss die Welt diese Botschaft hassen, und das heisst, dass sie ihre Boten hasst. Glaubten wir dem Herrn, dann würden wir uns freuen, wenn die Welt uns hasst und schmäht (Matth. 5,11 + 12; Apg. 5,41).

Denken wir gerade an die besondere Botschaft dieses Buches: Es bezeugt, dass die Bosheit der Menschen zunimmt, dass die Zivilisation zusehends degeneriert, dass sie sich nicht verbessern und nicht retten lässt, sondern vielmehr im göttlichen Gericht untergehen muss. Das hört man heute gar nicht gern. Wer das offen ausspricht, wird gehasst, gehöhnt, mit Worten gegeisselt, als Defaitist und Weltflüchtiger verschrieen. Ich befürchte, das ist der Grund, warum immer mehr «Evangelikale» oder «Bibelgläubige» oder wie immer sie sich nennen, diese besondere Wahrheit verwässern und ganz langsam das Schwergewicht auf soziale Verantwortung verlagern. Der uralte Götzendienst, der aus dem Geschöpf mehr macht als der Schöpfer, zieht ein. Bewahrung der Schöpfung droht mancherorts wichtiger zu werden als Busse vor dem Schöpfer und politischer Friede wichtiger als Frieden mit Gott (Röm. 5,1).

In noch einer Hinsicht ist Johannes beispielhaft, und das ist besonders kostbar: Da er seiner Überzeugungen wegen von den Menschen verstossen wird, begegnet ihm der Herr in aussergewöhnlicher Weise. Als der ehemals Blinde vor den Juden seinen Glauben an den, der ihn sehend gemacht hatte, nicht verleugnen konnte, stiessen sie ihn hasserfüllt von sich: «Und sie warfen ihn hinaus» (Joh. 9,34). Aber der Herr wusste darum und suchte ihn deshalb auf: «Jesus hörte, dass sie ihn hinausgeworfen hatten; und als er ihn fand, sprach er zu ihm...» (9,35).

Als Ausgesetzter empfängt Johannes die Offenbarung. Wie muss ihn all das ergriffen haben, wie muss es ihn getröstet haben. Und welch ein Trost ist er und ist sein Buch in allen nachfolgenden Jahrhunderten verfolgten und gejagten Glaubenden gewesen.

«An des Herrn Tag», das ist der erste Tag der Woche, der Tag der Auferstehung des Herrn. Im Griechischen steht wörtlich «der *dem Herrn gehörige* Tag». Das Wort kommt im Neuen Testament nur noch in 1. Korinther 11,20 vor: «das dem Herrn gehörige Mahl». Der dem Herrn gehörige Tag ist der erste Tag der Woche, der Tag, an dem die Jünger regelmässig zusammenkamen, «um Brot zu brechen» (Apg. 20,7). Johannes war da «im Geist». Wir können uns gut denken, dass er just an diesem Tag, da er wusste, dass in ganz Kleinasien, wo er Jahrzehnte lang gelehrt und gedient hatte, und darüber hinaus im ganzen römischen Imperium, die Christen sich versammelten, um ihren Herrn anzubeten, um in der Mahlfeier Seiner zu gedenken (1. Kor. 11,24). Er wird wohl auch für die von ihm gegründeten Gemeinden gebetet haben, er wird um sie besorgt gewesen sein, wie es auch ein Paulus stets war (2. Kor. 11,28). Da erscheint ihm der Herr und hat ihm eine Botschaft an sieben dieser Versammlungen. Obwohl hier eine ganz besondere Situation vorliegt und Johannes eine Botschaft empfing, die einmalig ist, gilt im Prinzip das gleiche für uns. Wo wir ein Herz haben für das Werk des Herrn, für das Wohl und Wehe der «kleinen Herde» (Luk. 12,32), hat der Herr der Gemeinde ein Wort an die Gemeinde, sei es zum Trost, sei es zur Ermahnung. Dass heute, wie in den Tagen Samuels, das Wort Gottes und die Propheten (im Sinne von 1. Kor. 14,3) selten geworden sind (1. Sam. 3,1), liegt wohl daran, dass so viel Sattheit, Leidensscheu und Gleichgültigkeit sich breit gemacht haben.

«Und ich wandte mich um, die Stimme zu sehen, welche mit mir redete, und als ich mich umgewandt hatte, sah ich sieben goldene Leuchter, und inmitten der sieben Leuchter einen gleich dem Sohne des Menschen, angetan mit einem bis zu den Füssen reichenden Gewand, und an der Brust umgürtet mit einem goldenen Gürtel. Sein Haupt aber und seine Haare weiss, wie weisse Wolle, wie Schnee, und seine Augen wie eine Feuerflamme, und seine Füsse gleich glänzendem Kupfer, als glühten sie im Ofen, und seine Stimme wie das Rauschen vieler Wasser. Und er hatte in seiner rechten Hand sieben Sterne, und aus seinem Munde ging hervor ein scharfes, zweischneidiges Schwert, und sein Angesicht war, wie die Sonne leuchtet in ihrer Kraft.»

Johannes wendet sich um und sieht zuerst «sieben goldene Leuchter», dann erst den Menschensohn. Ist es nicht auch heute so, dass man die Gemeinde sieht, die Gläubigen also, und von da erst auf den Herrn schliessen kann? Wie entscheidend ist dann aber der Wandel der Gemeinde, wie gross die Verantwortung, ein glaubwürdiges Zeugnis zu sein! Und genau darum wird es in den Sendschreiben gehen: inwiefern nämlich die sieben genannten Gemeinden durch ihre Lehre, ihren Glauben und ihre Werke den Herrn bezeugten oder verleugneten.

Alle Merkmale sprechen vom Herrn in seiner Würde als *Richter*, nicht als Retter. Er erscheint als der *Menschensohn*, dem Gott alles Gericht in die Hand gegeben hat (Joh. 5,27). Alles zeugt von Seiner unbeugsamen Majestät: Sein Angesicht leuchtet wie die Sonne vor dessen Glut nichts verborgen ist (Ps. 19,7); und von Seiner unbestechlichen Wahrheit und Heiligkeit: Seine Haare sind weiss wie Schnee. Seine Augen sind wie eine Feuerflamme; ihnen entgeht nichts, und was Er an Sündigem ans Licht stellt (Ps. 90,8), muss Er im Feuer richten. Mit Seinen Füssen ist Er selbst durchs Feuer des Gerichts gegangen; und weil Er selbst das Gericht über alle Sünde erduldet hat, ist Seine alle Sünde verurteilende Stimme so unwiderstehlich: wie das Rauschen vieler Wasser. Der Richtspruch, der aus Seinem Munde ausgeht, ist ein zweischneidiges Schwert, das Wort Gottes (Eph. 6,17; Joh. 12,48). Dieses Schwert «scheidet» (Hebr. 4,12). Es kennt nicht das diplomatische «sowohl als auch», das bequeme «Jein», den sich nicht festlegen wollenden Kompromiss.

«Und als ich ihn sah, fiel ich zu seinen Füssen wie tot. Und er legte seine Rechte auf mich und sprach: Fürchte dich nicht! Ich bin der Erste und der Letzte und der Lebendige, und ich war tot, und siehe, ich bin lebendig von Ewigkeit zu Ewigkeit und habe die Schlüssel des Todes und des Hades. Schreibe nun, was du gesehen hast, und was ist, und was geschehen wird nach diesem. Das Geheimnis der sieben Sterne, die du in meiner Rechten gesehen hast, und die sieben goldenen Leuchter: die sieben Sterne sind Engel der sieben Versammlungen, und die sieben Leuchter sind sieben Gemeinden.»

Wir verstehen, dass Johannes vor einem solchen Herrn niederfällt wie tot. Auch wir als Erlöste, die wir wissen, dass der Herr unsere Sünden getragen hat, müssten erschrecken, begegneten wir dem Herrn in Seiner richterlichen Heiligkeit. Und wir müssten vor Ihm auch sterben, hätte Er nicht Seine Hand auf uns gelegt. Er hat sich mit ehemals sündigen Menschen einsgemacht, ja, Er hat unsere Sünde zu der Seinigen gemacht (2. Kor. 5,21). Wie unsagbar tröstlich Sein Wort: «Fürchte dich nicht! Denn *ich* war tot.» Er ging in den Tod für uns. Und jetzt lebt Er, und weil Er lebt, werden auch wir leben (Joh. 14,19). Er hat ja die Schlüssel des Todes in Seiner Hand. Wenn wir nun in dieser starken Hand (Joh. 10,28) sind, was will uns dann der Tod anhaben (Röm. 8,38 + 39)? Brauchten wir nicht alle mehr von beidem: Erkenntnis der unnahbaren Heiligkeit Gottes und den daraus fliessenden Trost, dass wir uns nicht fürchten müssen, da Er für uns alles auf sich genommen hat. Wir hassten dann die Sünde mehr und liebten den Herrn inniger.

«Das Geheimnis der sieben Sterne, die du in meiner Rechten gesehen hast, und die sieben goldenen Leuchter: die sieben Sterne sind Engel der sieben Gemeinden, und die sieben Leuchter sind sieben Gemeinden.»

Versuchen wir, das Einfachere zuerst zu verstehen. Die Gemeinden werden als Leuchter gesehen, das heisst als Lichtträger. Die Glaubenden als einzelne und entsprechend die örtliche Gemeinde als ganze sind Lichter in der Welt (Phil. 3,15). Unser Licht ist unser Zeugnis in Wort und Wandel (Matth. 5,14–16). Die Gemeinden werden als Leuchter symbolisiert, weil ihr Zeugnis in Wort und Wandel, Glauben und Lehre beurteilt werden soll.

Die Sterne sind Engel der Gemeinden. Das griechische Lehnwort «Engel» heisst ganz einfach «Gesandter». Ein Gesandter ist nun dem verantwortlich, der ihn gesandt hat. Ein Engel verkörpert damit in seiner Person Verantwortlichkeit. Entsprechend drückt die Bezeichnung «Engel der Gemeinde» in symbolischer Weise die Verantwortlichkeit der Gemeinde gegenüber ihrem Auftragsteller aus. Auf keinen Fall ist mit dem «Engel der Gemeinde von Ephesus» oder Smyrna, etc. der «Vorsteher» oder «Gemeindeleiter» oder «Bischof» oder «Pastor» gemeint, wie verschiedentlich behauptet worden ist. Solches widerspräche der unzweideutigen neutestamentlichen Lehre, dass jeder Gemeinde als geistliche Führer *eine Mehrzahl von Ältesten* vorstehen sollte, *nie ein einzelner*. Zudem widerspräche diese Deutung der Tatsache, dass *jedes* Glied – Mitglieder kennt die neutestamentliche Gemeinde natürlich nicht – der Gemeinde verantwortlich ist für den Wandel und das Zeugnis der Gemeinde.

Die sieben Sterne in der Hand des Herrn sind den sieben Gemeinden zugeordnet. Sie wollen besagen, dass der Herr in den nachfolgenden Sendschreiben die *gesamte* Gemeinde in ihrer Verantwortlichkeit vor dem Herrn der Gemeinde anspricht. Darum fühlt ja jeder, dem der Wandel der Gemeinde nicht gleichgültig ist, sich beim Lesen der sieben Sendschreiben angesprochen.

Teil II:

«Was ist» –
Kapitel 2 und 3

Wir kommen mit dem Kapitel 2 zum zweiten Teil des Buches, zu dem «was ist» (1,19). Heilsgeschichtlich gesprochen, ist «das, was ist» die Zeit der christlichen Gemeinde, in der Johannes lebte und in der wir noch leben. In den sieben Sendschreiben der Kapitel 2 und 3 wird uns gezeigt, wie der Menschensohn als Richter die Gemeinden prüft und beurteilt. Es ist wichtig zu beachten, dass Gott, bevor Er die Welt richtet, *Sein Haus* richtet. So hat uns Petrus in seinem ersten Brief auch gesagt: «Die Zeit ist gekommen, dass das Gericht anfange am Hause Gottes» (1. Petr. 4,17). Wir müssen uns das gut merken: Sünde ist Sünde, ob sie die christliche Gemeinde oder die Welt begeht. Gott kennt hierin kein Ansehen der Person (Röm. 2,11). Die Bibel lehrt uns sogar, dass Gott Sünde in Seinem Haus viel schneller und viel härter richtet als Sünde, die draussen geschieht. Wo hat man gehört, dass ein Sünder wegen Heuchelei auf der Stelle von Gott geschlagen wurde wie ein Ananias (Apg. 5)?

Die Sendschreiben lassen sich grundsätzlich auf drei Arten lesen und verstehen:

1. *Wir können die sieben Briefe lesen als Momentaufnahme von sieben Gemeinden des ausgehenden ersten Jahrhunderts in der römischen Provinz Asien.*

Die genannten sieben Orte haben tatsächlich bestanden, die meisten können heute von Touristen als Ruinenstädte besichtigt werden. So können wir von sieben Gemeinden, die wirklich existierten, erfahren, was ihr geistlicher Zustand war, was der Herr empfiehlt und was Er tadelt, um daraus die entsprechenden Schlüsse für uns und unsere Gemeindesituation zu ziehen. Das wollen und das sollen wir auch tun.

2. *Man kann die sieben Sendschreiben auch als Darstellung einer geistlichen Entwicklung lesen.*

Wir können hierin verfolgen, wie eine Gemeinde geistlich wächst oder degeneriert, wie sie einen guten Grund hat wie im ersten Sendschreiben. Ein an der Oberfläche nicht sichtbarer, aber folgenschwerer Mangel führt dazu, dass der Herr züchtigt: Er lässt es zu, dass die Feindschaft der Welt in offenen Hass und in Verfolgung umschlägt. Davon lesen wir im zweiten Sendschreiben. Das dritte zeigt uns, dass man, anstatt sich unter Gottes züchtigende Hand zu demütigen, dem Hass, dem Druck der Welt dadurch entgehen kann, dass man sich den Idealen, den Methoden und den Zielvorstellungen der Welt anpasst. Das Böse nimmt dann aber in der Gemeinde zu, wie uns das vierte Sendschreiben demonstriert. Die beiden sich anschliessenden Gemeinden sind je ein Beispiel für zwei Möglichkeiten der Kurskorrektur: Eine halbherzige Umkehr zu Gott und zu Seinem Wort wie in Sardes, oder eine vollständige Umkehr zu Gott und zu Seinem Wort wie in Philadelphia. Die letzte Gemeinde zeigt uns schliesslich, wo eine jede Gemeinde über kurz oder lang endet, die die Zurechtweisungen und Züchtigungen des Herrn nicht beherzigt: Am Ende steht der Herr draussen, die Gemeinde ist christuslos geworden. Das nun ist das Schicksal manch einer Gemeinde oder eines ganzen Gemeindeverbandes gewesen.

3. *Die Sendschreiben sind ein prophetischer Überblick über die Geschichte der christlichen Gemeinde von den Tagen der Apostel bis zur Entrückung der Gemeinde.*

Ich meine, das ist das besondere Anliegen der Sendschreiben, haben wir es doch gemäss den einleitenden Versen mit einem prophetischen Buch zu tun. Wir wollen hauptsächlich diese letzte Art der Betrachtung wählen, was natürlich nicht heisst, sie sei die einzig richtige. Nein, alle drei Ebenen bestehen gleichzeitig nebeneinander; das Wort Gottes ist vielschichtig und erlaubt mehrere, einander ergänzende Anwendungen.

Bevor wir uns den einzelnen Sendschreiben zuwenden, wollen wir uns zwei Dinge gut merken:

Erstens: Es geht nicht um die Stellung und die dazugehörigen unverlierbaren Segnungen der Gemeinde, sondern um ihre *Verantwortung im Wandel und im Zeugnis* vor der Welt. Die Stellung der Gemeinde in Christus ist vollkommen, unverlierbar, denn sie ist eine reine Gnadengabe und hängt darum an der unwandelbaren Treue Gottes selbst. Das Zeugnis der Gemeinde ist nie vollkommen und zudem verlierbar, wie uns bereits das erste Sendschreiben zeigt; denn es hängt an unserer sehr unbeständigen Treue.

Zweitens: Die *Gerichtsworte*, die in den Sendschreiben genannt werden, betreffen die Gemeinde als ganze, nicht den einzelnen. Darum darf man aus der Androhung, der Herr werde im Falle von Ephesus den Leuchter von seiner Stelle rücken oder Laodizäa aus Seinem Munde ausspeien, nicht schliessen, Gott werde ein Kind Gottes verwerfen, wenn dieses Ihm nicht gefällt. Das steht nun ganz und gar nicht da. Die *Gemeinde als ganze* wird vom Herrn *als Zeugnis* verworfen, wenn sie nicht umkehrt. An den einzelnen, der hört, ist die *Verheissung* gerichtet. Das bedeutet, dass der einzelne persönlich glauben und überwinden kann, wenn die Gemeinde als ganze untergeht. Das ist ein grosser Trost: Ungeachtet der allgemeinen Untreue, kannst du, kann ich dem Herrn persönlich vertrauen und Seine Gegenwart erleben, Seine Segnungen empfangen, Seine Bestätigung haben.

Kapitel 2

Das Sendschreiben an die Gemeinde in Ephesus (2,1–7)

«Dem Engel der Gemeinde in Ephesus schreibe: Dieses sagt, der die sieben Sterne in seiner Rechten hält, der da wandelt inmitten der sieben goldenen Leuchter. Ich kenne deine Werke und deine Arbeit und dein Ausharren, und dass du Böse nicht ertragen kannst, und du hast die geprüft, welche sich Apostel nennen und sind es nicht, und hast sie als Lügner erfunden, und du hast Ausharren und hast getragen um meines Namens willen und bist nicht müde geworden. Aber ich habe wider dich, dass du deine erste Liebe verlassen hast. Gedenke nun, wovon du gefallen bist und tue Busse und tue die ersten Werke. Wenn aber nicht, so komme ich dir und werde deinen Leuchter aus seiner Stelle wegrücken, wenn du nicht Busse tust. Aber dieses hast du, dass du die Werke der Nikolaiten hassest, welche auch ich hasse. Wer ein Ohr hat, höre, was der Geist den Gemeinden sagt. Dem, der überwindet, dem werde ich zu essen geben von dem Baume des Lebens, welcher in dem Paradiese Gottes ist.»

Als erstes Sendschreiben steht Ephesus für die Zeit, in der die Apostel noch da waren oder eben ihren Lauf vollendet hatten. Vieles ist noch gut. Die Gemeinde wird dafür gelobt, dass sie an der Lehre der Apostel noch festhält und die falschen Apostel prüft und abweist (was heute trotz der Weisung von 1. Thess. 5,21; oder 1. Joh. 4,1–3 längst nicht mehr selbstverständlich ist). Aber ein schwerwiegender Mangel hat die Gemeinde bereits befallen: *Sie hat die erste Liebe verlassen.* In den Lehrbriefen der Apostel wird bereits angedeutet, dass die Gemeinden verschiedentlich anfangen, dieser Sünde zu erliegen. Die erste Liebe ist wie die Liebe eines Brautpaares, wo die Brautleute einander alles bedeuten, weshalb sie einander *ausschliesslich* – eheliche Liebe ist ausschliesslich – und *über alles* lieben. So soll auch die Gemeinde den Herrn *allein* und *Ihn über alles* liebhaben. Für die Gemeinde in Ephesus galt indes, was Paulus in Philipper 2,21 bereits beklagt hatte: «Alle suchen das Ihrige, nicht das, was Christi Jesu ist.» Eigene Interessen konkurrieren erfolgreich mit den Interessen des Herrn.

Beachten wir, wie der Herr dann sagt, die Gemeinde sei «gefallen». Das Fallen von der ersten Liebe führte zwangsläufig dazu, dass man auch vom Wort des Herrn fiel. Daher kündigten die Apostel das Eindringen falscher Brüder, falscher Propheten und falscher Lehren an (Apg. 20,29 + 30; 2. Petr. 2,1; Jud. 4 etc.). Das alles setzte bereits im ersten Jahrhundert ein, wie uns Johannes in seinen drei Briefen bestätigt: Er spricht von vielen «Antichristen» (1. Joh. 2,18), von «falschen Propheten» (4,1), von «vielen Verführern» (2. Joh. 7), von Leuten wie Diotrephes, die gerne den Vorrang haben wollen (3. Joh. 9).

Lesen wir nun verschiedene Zeugen aus der Zeit des zweiten Jahrhunderts, die sogenannten «Apostolischen Väter», dann wundern wir uns, wie weit sie sich schon von der Lehre der Apostel entfernt haben.

So häufen sich etwa im angeblich sehr beliebt gewesenen «Hirten des Hermas», einem seelsorglichen «Bischofsbrief» aus dem zweiten Jahrhundert, die unfassbarsten Irrtümer. Es heisst dort etwa, dass ein heiliger Engel Gottes die Glaubenden mit dem Heiligen Geist versiegle, dass der Heilige Geist das erste von Gott geschaffene Wesen sei, dass man Vergebung der Sünden erfahre, wenn man für den Namen des Herrn sterbe, dass es nach der Taufe nur noch eine einmalige Busse für Sünden gebe, etc. Das sind schwerwiegende Irrtümer, die bereits die Substanz des Evangeliums ins Gegenteil verkehrt haben.

Was würde nun die Folge solchen Verlassens der ersten Liebe sein? Die Gemeinde würde ihr Zeugnis verlieren: «So komme ich dir und werde deinen Leuchter aus seiner Stelle wegrücken.» Gemeinden, die als Folge des Verlassens der ersten Liebe Irrtümer lehrten wie eben genannt, die hatten natürlich keinerlei Zeugnis mehr, sie konnten nicht mehr «scheinen als Lichter in dieser Welt, darstellend das Wort des Lebens» (Phil. 2,15 + 16). Das Licht des «Evangeliums der Gnade Gottes» (Apg. 20,24) war durch heidnische Vorstellung verdeckt worden.

Dann die Verheissung an die «Überwinder». Wer sind die Überwinder? Was bedeutet der Ausdruck? Beachten wir den Zusammenhang, in dem er gebraucht wird, und beachten wir, wer ihn gebraucht. Johannes verwendet in seinen Schriften wiederholt das Wort «überwinden». Sehen wir uns die entsprechenden Stellen an, lässt sich der Ausdruck mühelos deuten. Johannes versteht unter «überwinden», wenn er es auf die Gläubigen anwendet, durch Glauben dem Verderben, das in der Welt ist, nicht unterworfen zu sein, das heisst, durch Glauben ewiges Leben zu haben. Überwinder sind mithin solche, die wahrhaft glauben und daher ewiges Leben besitzen, auf ewig mit dem Sohn Gottes verbunden sind (1. Joh. 5,4 + 5). In Johannes 16,33 sagt der Herr: «In der Welt habt ihr Drangsal; aber seid gutes Mutes, ich habe die Welt *überwunden*.» Der Sohn Gottes ist der erste und der grosse Überwinder. Nur durch den Glauben an Ihn können auch wir überwinden. Das sagt uns auch Paulus: «In diesem allem sind wir mehr als Überwinder durch den, der uns geliebt hat» (Röm. 8,37).

Überwinder sind die wahren Gläubigen, mithin das Gegenteil von Mitläufern, von solchen, die ein blosses Lippenbekenntnis zum Sohn Gottes abgelegt haben. Wenn wir bedenken, wie schnell die Gemeinde von Mitläufern durchsetzt wurde, wie bald sich falsche Brüder nebeneinschlichen (Gal. 2,3; 2. Joh. 7; Jud. 4 + 12), wie schnell sich der Sauerteig ausbreitete, bis er den ganzen Teig durchsäuert hatte (Matth. 13,33; 1. Kor. 5,6), dann können wir uns gut denken, dass um das Jahr 100 bereits ein grosser Teil der «Christen» auch in den Gemeinden Kleinasiens keine Christen waren. Und hundert Jahre später werden die Gläubigen schon eine Minderheit in der Christenheit dargestellt haben.

Die Verheissungen an die Überwinder sind das Teil eines jeden Gotteskindes, nicht bloss einer bestimmten Klasse, als ob es «gewöhnliche» Erlöste und zusätzlich noch «Überwinder» gäbe, wie manchmal behauptet wird. Nein, was Berufung, Leben, Stellung und Erbe der Glaubenden anbelangt, sind wir alle eins (Eph. 4,3–6). Dass es für den Christen darüber hinaus Lohn gibt je nach

Treue im Zeugnis und in der Nachfolge, das ist selbstverständlich, nur steht das nicht hier, sondern anderswo (z.B. in 1. Kor. 3,14; 9,25; 2. Kor. 5,10).

Das Sendschreiben an die Gemeinde in Smyrna (2,8–11)

«Dem Engel der Gemeinde in Smyrna schreibe: Dieses sagt der Erste und der Letzte, der starb und wieder lebendig wurde:

Ich kenne deine Drangsal und deine Armut, (du bist aber reich), und die Lästerung von denen, welche sagen, sie seien Juden, und sind es nicht, sondern eine Synagoge Satans. Fürchte nichts von dem, was du leiden wirst. Siehe, der Teufel wird etliche von euch ins Gefängnis werfen, auf dass ihr geprüft werdet, und ihr werdet Drangsal haben zehn Tage. Sei getreu bis zum Tode, und ich werde dir die Krone des Lebens geben.

Wer ein Ohr hat, höre, was der Geist den Gemeinden sagt! Wer überwindet, wird nicht beschädigt werden von dem zweiten Tode.»

Das hervorstechende Merkmal dieser Gemeinde ist *Drangsal durch Verfolgung und Lästerung.* Die Antwort des Herrn auf das Fallen von der ersten Liebe ausgangs des ersten Jahrhunderts war das Zulassen von Verfolgungen. So viele der Herr liebt, züchtigt Er (3,19). Durch wen züchtigte der Herr? Durch solche, die sagten, sie seien Juden, es aber nicht waren. Wer diese Leute in der geschichtlichen Situation waren, weiss ich nicht; es ist für uns auch nicht wichtig. Was aber der Ausdruck bedeutet, ist offenkundig. Ein *wahrer* «Jude» ist jemand, der zum Volk Gottes gehört (siehe Röm. 2,28 + 29). Wer zu Unrecht behauptet, einer zu sein, ist anmassend. Religiöse Anmassung ist in den weitaus meisten Fällen für die Verfolgung der Glaubenden verantwortlich gewesen. So war es in den Tagen der Apostel. Die Christen wurden damals von den Theologen verfolgt, von solchen, die vorgaben, die wahren Diener Gottes und Lehrer der Wahrheit zu sein. In späteren Jahrhunderten war die unerbittlichste Hasserin und Verfolgerin der Glaubenden jene Institution, die sich als die alleinseligmachende ausgab. Es ist bis zum heutigen Tag so geblieben, dass religiöse Institutionen die Gläubigen beharrlicher und unversöhnlicher verfolgt haben als atheistische.

Für den Gläubigen ist es tröstlich zu wissen, dass erstens Gott es ist, der Verfolgung der Seinen zulässt (Er ist souverän), dass es zweitens zu ihrem Wohl geschieht (Er ist Liebe), und dass drittens Er das Mass des Leidens bemisst (Er ist der allein weise Gott). «Zehn Tage» und nicht länger darf der Teufel Seine Erlösten im Gefängnis halten. Das bestimmt «der Gott des Masses» (2. Kor. 10,13).

Wer treu bleibt, der wird vom Herrn «die *Krone* des Lebens» empfangen. Das ist natürlich etwas anderes als die Gabe des *ewigen Lebens*, da wir dieses ja nicht durch Ausharren im Leiden, sondern durch Vertrauen auf den, der *für uns* im Leiden bis zum Tod ausgeharrt hat, empfangen. Die *Krone* des Lebens ist wie die übrigen im Neuen Testament genannten Kronen (1. Kor. 9,25; Phil. 4,1; 1. Thess. 2,19; 2. Tim. 4,8; Jak. 1,12) *Lohn* für Treue.

Die Verheissung an die Überwinder erinnert an Matthäus 10,28, wo der Herr sagt, wir sollen den nicht fürchten, der wohl den Leib, nicht aber die Seele zerstören kann. So mag der Feind Glaubende töten; das wahre, das ewige Leben kann er ihnen nicht nehmen: «Wer überwindet, wird nicht beschädigt werden von dem zweiten Tode», das ist von der Hölle (Off. 20,14).

Das Sendschreiben an die Gemeinde in Pergamus (2,12–17)

«Und dem Engel der Gemeinde in Pergamus schreibe: Dieses sagt, der das scharfe, zweischneidige Schwert hat:

Ich weiss, wo du wohnst, wo der Thron des Satans ist; und du hältst fest an meinem Namen und hast meinen Glauben nicht verleugnet, auch in den Tagen, in welchen Antipas, mein treuer Zeuge war, der bei euch, wo der Satan wohnt, ermordet worden ist. Aber ich habe ein weniges wider dich, dass du solche dort hast, welche die Lehre Balaams festhalten, der den Balak lehrte, ein Ärgernis vor die Söhne Israels zu legen, Götzenopfer zu essen und Hurerei zu treiben. Also hast auch du solche, welche die Lehre der Nikolaiten festhalten, gleicherweise. Tue nun Busse; wenn aber nicht, so komme ich dir bald und werde Krieg mit ihnen führen mit dem Schwerte meines Mundes.

Wer ein Ohr hat, höre, was der Geist den Gemeinden sagt! Dem, der überwindet, dem werde ich von dem verborgenen Manna geben;

und ich werde ihm einen weissen Stein geben, und auf dem Stein einen neuen Namen geschrieben, welchen niemand kennt, als wer ihn empfängt.»

Was für Pergamus gilt, gilt für die Gemeinde schlechthin: *Sie wohnt dort, wo der Thron des Satans ist*: in seinem Machtbereich, das ist *in der Welt*. Fürst und Gott dieser Welt (Joh. 12,31; 2. Kor. 4,4) ist ja der Satan. Es geht in diesem Sendschreiben also besonders um das Verhältnis der Gemeinde zur Welt. Der Geist der Welt hasst den Geist, der in der Gemeinde wohnt und alle, die dieser Gemeinde gehören. Antipas, ein treuer Zeuge, bekommt diesen Hass zu spüren. Aber nicht nur solche treuen Männer gingen in der Gemeinde in Pergamus aus und ein, sondern einige hatten angefangen, an der Lehre Balaams (4. Mose 31,16) und der Lehre der Nikolaiten festzuhalten. Erstere bestand darin, das Volk Gottes zu Götzenopfer und zu Hurerei zu verleiten, das heisst zu nichts anderem als zu den religiösen und sittlichen Massstäben der Welt. Letztere bedeutet wohl eine Lehre, die eine besondere Sorte *Methoden der Welt* für die Gemeinde übernimmt, nämlich ihre Regierungs- und Verwaltungsmethoden.

Das ergibt sich aus folgender Überlegung: Wir haben zu den Nikolaiten keine Erklärung, was es ist. Es bleiben uns zwei Dinge, die uns als Schlüssel zum Verständnis dienen können. Übersetzen wir einmal den griechischen Namen Nikolaus, kommen wir auf «Volksbesieger» (*nikan* = besiegen; *Laos* = Volk). Interessant ist dabei, dass das Fremdwort «Laie» von eben diesem Wort *laos* abgeleitet ist. Es bezeichnet nach kirchlichem Sprachgebrauch das breite Volk, das den «Geistlichen» zu Füssen sitzt. Als zweites könnte sich die Lehre der Nikolaiten, die hier nach der Lehre Balaams genannt wird, von Judas 11 erklären lassen. Dort lesen wir: «Wehe ihnen! denn sie sind den Weg Kains gegangen und haben sich für Lohn dem Irrtum Balaams überliefert, und in dem Widerspruch Korahs sind sie umgekommen.» Hier wird direkt nach dem «Irrtum Balaams» der «Widerspruch Korahs» genannt. Dieser bestand darin, dass Korah sich gegen die von Gott eingesetzten Mittler Mose und Aaron erhob. Er wollte ihnen ebenbürtig sein (4. Mose 16). Neutestamentlich bedeutet das, dass Menschen den Platz einnehmen wollen, der allein Jesus Christus, dem alleinigen Mittler zwischen Gott und den Menschen (1. Tim. 2,5) zusteht; und genau das tut etwa ein

«Priester», der sich eine Mittlerrolle zwischen dem Gläubigen und Gott anmasst. Die Lehre der Nikolaiten würde demnach auf den sich bereits früh ausbreitenden Klerikalismus hinauslaufen, die gänzlich unbiblische Trennung der Gläubigen in Geistliche und Laien, die heute die Christenheit, die evangelische wie die katholische, Staatskirchen wie Freikirchen, fast vollständig beherrscht. Wir sollten beachten, dass dies einer der Welt abgeguckten Methode entspricht, die mehr Prinzipien des Managements als den Prinzipien des Wortes Gottes Genüge tut. Solches zog sehr bald in die christliche Kirche ein. Man sagte sich, man müsse Leute ordinieren (entgegen Apg. 20,28), sie bezahlen (entgegen 1. Tim. 6,5), ihnen Befehlsgewalt geben (entgegen 1. Petr. 5,3), die Gemeinden durch eine Zentrale koordinieren (entgegen Matth. 18,20; Eph. 4,2 + 19), sonst lasse sich die Kirche nicht zusammenhalten, sonst ziehe Unordnung ein. So schuf man sich eine hierarchisch aufgebaute Kirche. Ein Bischof hatte unter sich Pastoren, die Pastoren unter sich das Fussvolk. Damit leugnete man praktisch die Tatsache, dass der Herr allein Haupt ist und die Glaubenden Glieder voneinander (Eph. 4,15 + 16).

Wenn nun mit Werk und Lehre der Nikolaiten der Klerikalismus gemeint ist, dann sollten wir uns das Urteil des Herrn dazu anhören. Er «hasst» ihn (2,6). Warum hasst der Herr den Klerikalismus? Weil er ein Ausdruck der Verachtung für Seine Blutserkauften ist; denn was sagt dieser anderes, als es die religiösen Führer in den Tagen Jesu taten: «Das Volk (*laos*) ist verflucht und weiss nichts» (Joh. 7,49). Der Klerikalismus deklariert die aus Gott Geborenen und mit Seinem Geist Begabten entgegen Joh. 6,45; 1. Joh. 2,27 und Hebr. 8,11 für Unwissende, er hält sie entgegen Eph. 4,12 in Unmündigkeit.

Als im Jahre 313 der Kaiser Konstantin im Edikt von Mailand das Christentum zur *Religio licita*, zur «erlaubten Religion» erhob, waren die einst Verfolgten plötzlich die offiziell Geehrten. Die grosse Anpassung hatte damit gesiegt, und aus dieser Verflechtung von Kirche und Staat hat sich die grosse Masse der Christenheit nicht mehr lösen können. Die unseligste Ehe, die je geschlossen worden ist – die Vermählung von Thron und Altar – war Tatsache geworden. Gemeinde und Welt sind ineinander übergegangen, was immer bedeutet, dass die Gemeinde weltlich, nicht aber die Welt christlich im wahren Sinn dieses Wortes wird.

Die Versuchung ist natürlich gross, dem Hass und der Verachtung der Welt dadurch zu entgehen, dass man sich ihren Massstäben, Idealen und Methoden anpasst. Genau das hatte Antipas nicht getan. Aber sein Ende spornte offensichtlich nicht nur andere an, in gleicher Treue für die unaufgebbaren Glaubensgrundsätze des Christentums einzustehen, sondern schüchterte ein gut Teil auch ein. Und oft genug verleitet uns neben Nützlichkeitserwägungen auch Feigheit dazu, uns den Idealen und den Methoden der Welt anzupassen.

In Pergamus ist es nun sogar so weit gekommen, dass man nicht allein an falschem Tun, sondern, schlimmer noch, an der entsprechenden falschen Lehre festhielt. In Ephesus hatten wir lediglich von «Werken der Nikolaiten» gelesen; hier sind die Werke durch eine dazugehörige *Lehre bereits sanktioniert worden*. Böses wird also bereits gelehrt und propagiert. Das ist gegenüber ersterem eine Zunahme des Übels. Jedem Versuch aber mit biblisch scheinenden Argumenten – eben mit einer Lehre – die Verwischung der von Gott gezogenen Grenzen zwischen der Gemeinde und der Welt (Joh. 17,16; 2. Kor. 6,14–16) hat der Herr, «der das zweischneidige Schwert hat», den Krieg angesagt. Sein Wort scheidet noch immer zwischen heilig und unheilig (3. Mose 10,10), drinnen und draussen (1. Kor. 5,12+13), Licht und Finsternis (Joh. 3,19). Wenden wir das Wort nicht im Glauben entsprechend an, wird der Herr im Gericht scheiden müssen. Dann freilich ist es zu spät.

Wer aber überwindet, wird vom «verborgenen Manna», das ist von den verborgenen Schätzen des Wortes Gottes genährt werden, die eine weltliche und am Ende christuslose Christenheit weder erkennen noch kosten kann; denn in Christus sind *verborgen* die Schätze der Weisheit (Kol. 2,3). Und wenn treue Seelen wie Antipas angefeindet werden, dann sagt der Herr: «Alle Welt mag dich niederschreien, aber ich bin für dich!» Das nämlich bedeutet der weisse Stein. Im Griechischen steht *psäphos*, und das ist der Stimmstein. Das dazugehörige Verb wird in Apostelgeschichte 26,10 verwendet, wo Paulus (damals noch Saulus) seine Stimme *gegen* die Gläubigen gab. Wenn es im Altertum darum ging, einen vor Gericht Angeklagten entweder zum Tod zu verurteilen oder freizusprechen, mussten die Stimmberechtigten durch Abgabe eines Steines ihre Meinung äussern. Ein schwarzer Stein zeugte gegen, ein weisser für den Angeklagten. Wenn wir das Zeugnis des Herrn selbst für uns haben, dann mag alle Welt denken oder schreien, was sie will. Wir halten freudig, dankbar und unbeirrt fest an Seinem Wort; denn: «Wenn Gott für uns ist, wer wider uns?» (Röm. 8,31)

Das Sendschreiben an die Gemeinde in Thyatira (2,18–29)

«Und dem Engel der Gemeinde in Thyatira schreibe: Dieses sagt der Sohn Gottes, der seine Augen hat wie eine Feuerflamme und seine Füsse gleich glänzendem Kupfer:

Ich kenne deine Werke und deine Liebe und deinen Glauben und deinen Dienst und dein Ausharren und weiss, dass deiner letzten Werke mehr sind als der ersten. Aber ich habe wider dich, dass du das Weib Jesabel duldest, welche sich eine Prophetin nennt, und sie lehrt und verführt meine Knechte, Hurerei zu treiben und Götzenopfer zu essen. Und ich gab ihr Zeit, auf dass sie Busse täte, und sie will nicht Busse tun von ihrer Hurerei. Siehe, ich werfe sie in ein Bett, und die, welche Ehebruch mit ihr treiben, in grosse Drangsal, wenn sie nicht Busse tun von ihren Werken. Und ihre Kinder werde ich mit Tod töten, und alle Gemeinden werden erkennen, dass ich es bin, der Nieren und Herzen erforscht; und ich werde euch, einem jeden, nach euren Werken geben. Euch aber sage ich, den übrigen, die in Thyatira sind, so viele diese Lehre nicht haben, welche die Tiefen des Satans, wie sie sagen, nicht erkannt haben: Ich werfe keine andere Last auf euch; doch was ihr habt, haltet fest, bis ich komme. Und wer überwindet und meine Werke bewahrt bis ans Ende, dem werde ich Gewalt über die Nationen geben; und er wird sie weiden mit eiserner Rute, wie Töpfergefässe zerschmettert werden, wie auch ich von meinem Vater empfangen habe; und ich werde ihm den Morgenstern geben.

Wer ein Ohr hat, höre, was der Geist den Gemeinden sagt!»

In Thyatira hat sich das Übel, dem wir in Pergamus begegneten, verschlimmert. Sauerteig, wenn er nicht ausgefegt wird, breitet sich aus (1. Kor. 5,6–8). Waren es dort *einige*, die an der Lehre Balaams festhielten, so lehrt hier schon eine «Prophetin» die *Knechte des Herrn* die dazugehörigen Werke: Hurerei und Götzendienst.

Das Übel ist vom Rand ins Herz gerückt. Das Ende wird das Verderben sein (Vers 23), wenn nicht Busse geschieht.

Beachten wir aus diesen Sendschreiben besonders ein Wort. Der Herr sagt: «Ich habe wider dich, dass du duldest...» Statt dulden können wir sagen «tolerant sein». Der Herr hasst Toleranz, die falsche Lehre und zersetzende Praktiken stumm gewähren lässt. Im Namen der Toleranz wird besonders in unserer Zeit gefordert, dass man zu Irrlehren und sündigen Praktiken in der Christenheit schweigen solle. Tun wir es, ist der Herr selbst gegen uns. Ich hoffe, das macht uns nachdenklich.

Wenn nun im Zentrum der Gemeinde von Thyatira bereits ein falsches Opfer steht, dann wird hier angedeutet, was auf die Zeit Konstantins folgte: Die Kirche von Rom mit dem Bischof von Rom an der Spitze, wird zur Herrin über alle Kirchen im Römischen Reich. Die Römisch Katholische Kirche entstand, in deren Gottesdienst eben ein falsches Opfer das Zentrum bildet. Bis zum heutigen Tag ist das Messopfer, ein heidnischer, götzendienerischer Ritus – dies, weil es in krasser Leugnung von Hebräer 10,10 + 12 + 14 das einmalige und nie zu wiederholende Opfer des Leibes Jesu Christi wiederholen will –, das Herz des Römischen Kultes. Ob mit dem «Weib Jesabel» tatsächlich eine Frau dieses Namens gemeint ist, oder ob das eine symbolische Bezeichnung ist für Lehre, die zu *geistlicher Hurerei* – denn das ist ja aller Götzendienst – führte, ist einerlei. Auf alle Fälle soll der Name an eine tatsächliche Jesabel erinnern, die genau das tat, was in Thyatira geschah: Die Frau des israelitischen Königs Ahab verführte den König zum Dienst an Baal und Aschera (1. Kön. 16,31; 21,25) und lud Propheten der Aschera ein, an ihrem Tisch zu essen (1. Kön. 19). Und auch ihr Ende war das Verderben (2. Kön. 9,30–37).

Dieses «Weib Jesabel» verkörpert das, was Paulus in 2. Thessalonicher 2,7 «das Geheimnis der Gesetzlosigkeit» nennt. Dieses begann sich bereits so früh zu regen. Am Ende wird diese Gesetzlosigkeit kein Geheimnis mehr, also nicht mehr verborgen sein, sondern offen als die grosse Hure auftreten, der wir in Offenbarung 17 begegnen. Dort heisst es nämlich, dass *an ihrer Stirn*, also für jedermann lesbar, geschrieben stand: «Geheimnis, Babylon die grosse, die Mutter der Huren und der Greuel der Erde». «Greuel» (oder «Scheusale») ist in der Sprache der Propheten synonym mit Götzen

(5. Mose 29,12; Jer. 4,1). So begegnen wir wiederum der Hurerei und dem Götzendienst, den wir in Thyatira bereits vorfanden. Und wie wir von Jesabel lesen, dass sie die Propheten des Herrn ermordete, so heisst es von der grossen Hure: «Und in ihr wurde das But von Propheten und Heiligen gefunden» (18,24).

Wenn dem nun so ist, haben wir mit Thyatira bereits den absoluten Tiefpunkt in der Entwicklung des christlichen Zeugnisses im Keim blossgelegt. Und es spricht der Herr ja tatsächlich davon, dass man in dieser Gemeinde «die Tiefen des Satans» erkannt hat, wiewohl das nicht für alle galt. Aber was hier eine Minderheit noch betraf, würde am Ende die ganze christuslose Christenheit charakterisieren.

Wie passend ist die Verheissung an die Überwinder. Wer nicht von der Verführung Jesabels mitgerissen worden ist, wer die Tiefen des Satans nicht erkannt hat, bekommt die Verheissung, dass er Gewalt über die Nationen haben wird. Wie kostbar ist diese Zusage gerade für solche, die unter dem kirchlichen System haben leiden müssen, das sich seit dem 5. Jahrhundert als «siegreiche Kirche» ausgab und mit dem Anspruch auftrat, es habe vom Herrn der Kirche den Auftrag, über die Welt zu herrschen. Diesen Auftrag hat die Gemeinde natürlich nie bekommen. Jetzt ist die Zeit, da wir von der Welt weder erkannt noch anerkannt werden (1. Joh. 3,2; 4,5+6), da wir verfolgt, geschmäht und gelästert sind, als Auskehricht der Welt gelten (1. Kor. 4,8–13). Die Gemeinde wird erst dann mit Christus herrschen, wenn Er kommt und Sein Reich aufrichtet. Und wer, weil er Ihm gehörte und Ihm treu war, hier und jetzt leiden musste, wird dann erhöht werden.

Erstmals in den Sendschreiben redet der Herr jetzt von Seinem Kommen für die Gemeinde: «Ich werde ihm den Morgenstern geben.» Das ist nach 2. Petrus 1,19 und Offenbarung 22,16 der Herr, der kommt, um Seine Gemeinde aus der Welt zu holen, ehe der Tag, das ist das Tausendjährige Reich, mit dem Aufgehen der Sonne anbricht (Mal. 4,2).

Kapitel 3

Das Sendschreiben an die Gemeinde in Sardes (3,1–6)

«Und dem Engel der Gemeinde in Sardes schreibe: Dieses sagt, der die sieben Geister Gottes hat und die sieben Sterne:

Ich kenne deine Werke, dass du den Namen hast, dass du lebest, und bist tot. Sei wachsam und stärke das Übrige, das sterben will; denn ich habe deine Werke nicht völlig erfunden vor meinem Gott. Gedenke nun, wie du empfangen und gehört hast, und bewahre es und tue Busse. Wenn du nun nicht wachen wirst, so werde ich über dich kommen wie ein Dieb, und du wirst nicht wissen, um welche Stunde ich über dich kommen werde. Aber du hast einige wenige Namen in Sardes, die ihre Kleider nicht besudelt haben; und sie werden mit mir einhergehen in weissen Kleidern, denn sie sind es wert. Wer überwindet, der wird mit weissen Kleidern bekleidet werden, und ich werde seinen Namen bekennen vor meinem Vater und vor seinen Engeln.

Wer ein Ohr hat, höre, was der Geist den Gemeinden sagt!»

Schon im einleitenden Satz wird das Wesen dieser Gemeinde aufgedeckt: Sie hat den *Namen*, das ist den Ruf, zu leben, und doch ist sie tot. Es ist wichtig und löblich, ein gutes Bekenntnis zu haben, aber es genügt unter Umständen nicht; dann nämlich nicht, wenn das Bekenntnis «nicht mit Glauben vermischt» (Hebr. 4,2) ist. So sehr gesunde Heilslehre das unabdingbare Fundament, die unverzichtbare Voraussetzung zum wahren Leben ist, so sehr muss *lebendiger Glaube* sich die Lehre aneignen. Oder: Was soll ein Fundament, wenn man nicht darauf baut? Was nützt das theologisch sauberste Bekenntnis zur Errettung aus Gnade durch den Glauben, wenn man sein Leben nicht rückhaltlos auf dieses Fundament stellt?

Das ist der Sinn der Rüge des Herrn. Hatten wir im vorhergehenden Sendschreiben Merkmale, die später in der Römisch Katholischen Kirche voll ausreiften, dann trägt Sardes bemerkenswerte Ähnlichkeiten mit dem Protestantismus. Dieser hat den Namen, den Ruf, dass er lebe. Er weiss, dass Errettung ein Werk Gott ist, dass sie durch keine Anstrengung verdient werden kann. Er ist aber mehrheitlich tot. Warum? Weil der wahre Glaube, der sich vom blossen Fürwahrhalten – auch die Dämonen «glauben» und zittern darob sogar (Jak. 2,19) – unterscheidet, fehlt.

Wahrer Glaube hätte die Gemeinde in Sardes zu dem geführt, «der die sieben Geister Gottes», das ist die Fülle des Geistes Gottes, in Seiner Hand hat, um sie dem zu geben, der an Ihn glaubt (vgl. Apg. 5,32). Mit dem Geist hätte Er der Gemeinde das ihr fehlende Leben geben können.

Der Herr erklärt im nachfolgenden Vers, warum die Gemeinde dem Sterben unterworfen ist: «*Denn* ich habe deine Werke nicht völlig erfunden vor meinem Gott» (Vers 2). Bekommt man denn das Leben durch Werke? Der Evangelist Johannes ist jemand, der sehr viel, mehr nämlich als alle übrigen Evangelisten, über Glauben und über Werke spricht. In Kapitel 6 seines Evangeliums fragen die Juden einmal den Herrn: «Was sollen wir tun, auf dass wir die *Werke* Gottes wirken?» Darauf antwortet der Herr: «Dies ist das *Werk Gottes*, dass ihr an den glaubt, den er gesandt hat» (Verse 28 und 29). Hier wird der Glaube als ein Werk angesehen, als *das Werk Gottes* sogar. Hatte nun die Gemeinde in Sardes viel Einsatz für die Armen, viel Geschäftigkeit in der Politik usw., aber keinen lebensverändernden Glauben, waren ihre Werke «nicht völlig». Das entscheidende Werk, das einzige Werk Gottes fehlte: der Glaube.

Wer nicht glaubt, ist nicht nur tot, sondern auch besudelt (Vers 4). Daraus ergibt sich: Wer glaubt, hat das Leben (Joh. 3,36), und wer glaubt, ist rein (Apg. 15,9). Wer glaubt, geht ewig nicht verloren: Sein Name wird aus dem Buch des *Lebens* nicht getilgt werden. Wer aber nicht glaubt, ist noch durch seine Sünden besudelt und hat kein Leben. Er hat entsprechend keine Verheissung, dass sein Name nie gelöscht werden wird, im Gegenteil; er wird an sich selbst erfahren müssen, was Psalm 9,6 und 69,29 sagen: Die Namen der Sünder werden ausgelöscht werden.

Der Herr spricht auch in diesem Sendschreiben von Seinem Kommen. Wer nicht an Ihn glaubt, wird das Kommen des Herrn als böse Überraschung erleben, so, wie wenn ein Dieb in der Nacht seinen unerwünschten Besuch abstattet (vergleiche auch 1. Thess. 5,2+3). Für den Glaubenden hingegen ist die Aussicht auf das Kommen des Herrn freudige Hoffnung und daher Antrieb zu Hingabe und Heiligung (1. Joh. 3,3)

Das Sendschreiben an die Gemeinde in Philadelphia (3,7–12)

«Und dem Engel der Gemeinde in Philadelphia schreibe: Dieses sagt der Heilige, der Wahrhaftige, der den Schlüssel des David hat, der da öffnet und niemand wird schliessen, und schliesst, und niemand wird öffnen:

Ich kenne deine Werke. Siehe, ich habe eine geöffnete Tür vor dir gegeben, die niemand zu schliessen vermag; denn du hast eine kleine Kraft, und hast mein Wort bewahrt und hast meinen Namen nicht verleugnet. Siehe, ich gebe aus der Synagoge des Satans von denen, welche sagen, sie seien Juden, und sind es nicht, sondern lügen; siehe, ich werde sie zwingen, dass sie kommen und huldigen vor deinen Füssen und erkennen, dass ich dich geliebt habe. Weil du das Wort meines Ausharrens bewahrt hast, werde auch ich dich bewahren vor der Stunde der Versuchung, die über den ganzen Erdkreis kommen wird, um die zu versuchen, welche auf der Erde wohnen. Ich komme bald; halte fest, was du hast, auf dass niemand deine Krone nehme! Wer überwindet, den werde ich zu einer Säule machen in dem Tempel meines Gottes, und er wird nie mehr hinausgehen; und ich werde auf ihn schreiben den Namen meines Gottes und den Namen der Stadt meines Gottes, des neuen Jerusalem, das aus dem Himmel herniederkommt von meinem Gott, und meinen neuen Namen.

Wer ein Ohr hat, höre, was der Geist den Gemeinden sagt!»

Philadelphia ist die zweite der sieben Gemeinden, die keinerlei Tadel, sondern nur Lob und Zuspruch bekommt. Was ist an Philadelphia so löblich? Es werden im einleitenden Satz drei Dinge genannt: Die Gemeinde hat eine kleine Kraft, hat das Wort Gottes treu bewahrt und hat den Namen des Herrn nicht verleugnet. Das sind Merkmale jener geistlichen Bewegungen gewesen, die als Reaktion auf die protestantische Orthodoxie die evangelische Welt heimsuchten. Es sind auch die Merkmale einer jeden von Gott gewirkten Erweckung.

Zunächst sind wir überrascht, dass der Herr lobend erwähnt, die Gemeinde habe «eine kleine Kraft», wo man doch heute eher «grosse Kraft» und «Vollmacht» und anderes begehrt. Im Bewusstsein der kleinen Kraft nun klammert sich Philadelphia an das Wort

Gottes. Sie stützt sich damit einzig und allein auf die Kraft, Weisheit und Führung des Herrn selbst. Darin liegt ihre wahre Kraft verborgen. Paulus sagt: «Wenn ich schwach bin, bin ich stark» (2. Kor. 12,10; Spr. 3: 5–7). Die Gemeinde der wirklich Glaubenden hat auch in einem anderen Sinn nur kleine Kraft: Sie ist gegenüber den (meist staatlich) organisierten Grosskirchen eine kleine Minderheit, die im öffentlichen Urteil kaum zählt.

Aber sie hält fest am Wort Gottes, an dessen absoluter Zuverlässigkeit, gerade wo sich im Protestantismus Bibelkritik nahezu vollständig unwidersprochen durchgesetzt hat. Und sie verleugnet den Namen des Herrn Jesus Christus nicht, das heisst, sie bekennt und glaubt, was in diesem Namen enthalten ist: Seine wahre Menschheit und Gottheit, Seine göttliche Sendung, Seine Zeugung durch den Heiligen Geist und Seine Geburt von einer Jungfrau, Sein sündloses Leben, Seinen Tod und Seine Auferstehung und Sein Kommen, um als Messias Israels und König aller Könige über die ganze Schöpfung zu herrschen; und schliesslich, was keinesfalls vergessen werden darf: Seine Einzigartigkeit, Ausschliesslichkeit und absolute Allgenügsamkeit, die neben sich keine anderen Helfer, Mittler, Heilsvermittler duldet.

Dafür wird Philadelphia, wie Smyrna, von denen, die sich Juden nennen, es aber nicht sind, gehasst. Wer hasst die bibelgläubigen Christen mehr als die in offiziellen Ehren stehenden und von Staates wegen bestallten Lehrer der Kirche? Denken wir in diesem Zusammenhang daran, was der Name *Philadelphia* bedeutet: Bruderliebe. Wo die religiöse Welt uns hasst, freuen wir uns um so mehr an der Liebe untereinander. Zudem ist die Bruderliebe das Zeichen wahrer christlicher Gemeinschaft (Joh. 13,34+35). Und beachten wir auch, dass es diese Bruderliebe nur in der Wahrheit geben kann, dort also, wo man sich vorbehaltlos dem Wort Gottes beugt. Das sagt uns unter anderen der Apostel Petrus: «Da ihre eure Seelen gereinigt habt durch den *Gehorsam gegen die Wahrheit zu ungeheuchelter Bruderliebe...*» (1. Petr. 1,22).

Der Herr gab Philadelphia «eine geöffnete Tür»; das ist ein Hinweis auf die Verbreitung des Evangeliums (1. Kor. 16,8+9; Kol. 4,3). Die Erweckungsbewegungen, die als Reaktion auf die protestantische Orthodoxie England, Deutschland, Amerika, Skandinavien ergriffen, waren von einem Aufbruch in die Weltmission charakterisiert: Ein William Carey fuhr nach Indien, die Herrnhuter trugen das Evangelium in alle Kontinente, ein Hudson Taylor drang in das Innere Chinas vor, Livingstone und Studd ins Innere Afrikas. Lernen wir aus dem Zusammenhang von Bibeltreue und einer geöffneten Tür nicht, dass das Evangelium sich dann besonders ausbreitet, wenn man sich ohne Abstriche zum Wort Gottes hält? und dass umgekehrt alle Verwässerung der biblischen Botschaft ihre Durchschlagskraft schwächt?

«Weil du das Wort meines Ausharrens bewahrt hast, werde auch ich dich bewahren vor der Stunde der Versuchung.» Wer das Wort Gottes bewahrt hat, wird auch von Gott bewahrt werden. Denken wir aber daran, dass der Herr hier nicht umsonst vom «Wort Seines Ausharrens» spricht: Es bedarf je länger je mehr des entschiedenen Festhaltens, um dem wachsenden Druck zur Aufweichung und Verwässerung nicht nachzugeben. Die Versuchung wird immer grösser werden, die Position des bedingungslosen Vertrauens in die Vollkommenheit des Wortes Gottes aufzugeben.

Bevor die in diesem Buch geschriebenen Gerichte über die Erde hereinbrechen – denn das ist mit der «Stunde der Versuchung» gemeint –, wird der Herr Seine Gemeinde zu sich nehmen. Auch zu dieser Gemeinde spricht der Herr von Seinem Kommen. Es ist dem Glaubenden Ansporn, an Seinem Wort unbeirrt festzuhalten; denn der Herr wird ihn für die Treue belohnen. Wie zur Gemeinde in Smyrna spricht Er auch von einer «Krone». Das ist Lohn für Treue im Dienst. Und die Verheissung für die Überwinder ist besonders kostbar: Sie, die sich damit begnügten, «eine kleine Kraft» zu haben, die in den Augen der Welt getrost als *quantité négligeable*, als Unverbesserliche und Sonderlinge abgetan werden konnten, werden einst zu einer «Säule im Tempel Gottes», das heisst, öffentlich gewürdigt als solche, die grosse Kraft haben. Denn die Säule ist im Bau das Element, das grosse Stärke haben muss. Zudem steht die Säule im Tempel Gottes. Damit rechtfertigt der Herr selbst vor ihren Feinden und Hassern die an Ihn Glaubenden, die ihrer Überzeugungen wegen von den Vertretern der angemassten allein wahren Kirche Christi (der «Synagoge Satans») verachtet und gehöhnt worden waren. Nicht jene, sondern die an Ihn Glaubenden waren während der Zeit Seiner Abwesenheit Tempel und Wohnstätte Gottes gewesen. Dreimal steht in der Verheissung das Wort «Name».

Weil die Treuen den Namen des Herrn nicht verleugnet hatten, wird ihnen der Name Gottes, der Name der Stadt Gottes und der neue Name des Herrn Jesus öffentlich eingeprägt. So ehrt der Herr einst solche, die Ihn hienieden durch Festhalten an Seinem Namen geehrt hatten (vgl. Matth. 10,32 + 33).

Das Sendschreiben an die Gemeinde in Laodizäa (3,14–22)

«Und dem Engel der Gemeinde in Laodizäa schreibe: Dieses sagt der Amen, der treue und wahrhaftige Zeuge, der Anfang der Schöpfung Gottes:

Ich kenne deine Werke, dass du weder kalt noch warm bist. Ach, dass du kalt oder warm wärest! Also, weil du lau bist und weder kalt noch warm, so werde ich dich ausspeien aus meinem Munde. Weil du sagst: Ich bin reich und bin reich geworden und bedarf nichts und weisst nicht, dass du der Elende und der Jämmerliche und blind und bloss bist. Ich rate dir, Gold von mir zu kaufen, geläutert im Feuer, auf dass du reich werdest; und weisse Kleider, auf dass du bekleidet werdest, und die Schande deiner Blösse nicht offenbar werde; und Augensalbe, deine Augen zu salben, auf dass du sehen mögest. Ich überführe und züchtige, so viele ich liebe. Sei nun eifrig und tue Busse! Siehe, ich stehe an der Tür und klopfe an; wenn jemand meine Stimme hört und die Tür auftut, zu dem werde ich eingehen und das Abendbrot mit ihm essen, und er mit mir. Wer überwindet, dem werde ich geben, mit mir auf meinem Throne zu sitzen, wie auch ich überwunden und mich mit meinem Vater gesetzt habe auf seinen Thron.

Wer ein Ohr hat, höre, was der Geist den Gemeinden sagt!»

Das letzte der sieben Sendschreiben ist an eine Gemeinde gerichtet, die schon im ersten Jahrhundert die Kennzeichen der christlichen Gemeinde am Ende ihres Ganges durch die Jahrhunderte trägt. Darum stellt sich der Herr als der vor, der am Anfang war, der der Urheber aller Werke Gottes ist (Joh. 1,1–3). Wenn wir uns an dem messen, was der Herr selbst und durch Seine Apostel am Anfang lehrte und einsetzte, erkennen wir, wie weit wir abgewichen sind. Dabei ruft der Herr uns in Erinnerung, dass Er «der treue und wahrhaftige Zeuge» ist. Er hat alles, was Er gesagt hat, genau so gemeint, wie Er es sagte. Er wird entsprechend der Treue oder Untreue zu Seinen ewiggültigen Weisungen belohnen oder bestrafen.

Das besondere Kennzeichen der Gemeinde in Laodizäa nun ist, dass sie sich Seinem Wort nicht stellt, Ihn nicht ernst nimmt als den treuen Zeugen; denn sie wird «lau» genannt. Sie sagt ja zur Bibel und zu den Meinungen der Welt, zur Lehre der Apostel und zu den Überlieferungen der Menschen, sie will sich nirgends festlegen, überall mitreden und allerorts anerkannt oder doch zumindest nicht unangenehm bekannt sein. Sie ist eine Gemeinde ohne Grundsätze; sie will auf allen Hochzeiten tanzen, sie vermischt sich mit der Welt. Sie ist eben lau, wie eben laues Wasser dadurch entsteht, dass man kaltes mit warmem mischt. Vermischung von Licht und Finsternis, Wahrheit und Lüge, Gemeinde und Welt ist das Kennzeichen der Christenheit des Endes. Vermischung nennt man etwas vornehmer auch *Synkretismus*. Auf dem Weg des Synkretismus ist sie in ihren eigenen Augen – das beweist, wie blind sie ist! – sehr reich geworden. Endlich hat sie die altmodische Enge und Ausschliesslichkeit des Christentums abgestreift. Sie hat für alles und jedes Platz. Allein, ein fataler Mangel enthüllt mit einem Schlag ihre vollständige Verarmung: Sie hat den Christus Gottes nicht mehr; denn der Herr steht vor der Tür (Vers 20).

Wie ist Lauheit dem Herrn, der selbst die Wahrheit heisst (Joh. 14,6), zuwider. Es ekelt Ihn, der selbst bei der Schöpfung Licht und Finsternis schied, der Seine Priester im Alten Bund anwies, zwischen rein und unrein zu scheiden (3. Mose 10,10), der selbst «abgesondert von den Sündern» (Hebr. 7,26) war. Es ist Seinem Wesen so zuwider, dass Er eine solche Gemeinde ausspeit. Damit wird deutlich, dass auf ihre Weise die Christenheit das gleiche Ende ereilen wird wie das alte Israel. Diesem war angekündigt worden, dass es aus dem Land der Verheissung ausgespieen würde, wenn es sich mit den heidnischen Völkern *vermischen* und deren Ansichten und Praktiken mit den Weisungen des Gesetzes vermengen sollte (3. Mose 18,28). Daher hat die christliche Kirche keinerlei berechtigten Anlass, mit dem Finger auf das untreue Israel zu zeigen. Sie hat sich um nichts treuer erzeigt. Wir können sogar sagen, im Gegenteil: Die Christenheit hat höhere Segnungen und eine erhabenere Botschaft verschmäht. Sie hat die Gnade Gottes in Ausschweifung verkehrt (Jud. 4).

Wem nun inne wird, dass Christus längst ausgeladen worden ist, deshalb umkehrt und auf Seine Stimme hört, zu dem wird der Herr kommen und Gemeinschaft mit ihm pflegen. Solange die Gnadenzeit noch dauert, kann jeder, aller Untreue der Christenheit zum Trotz, noch den Sohn Gottes in sein Leben aufnehmen und damit alle Verheissungen der Überwinder erlangen: Er wird, während das Gros der Christenheit «ausgespieen» wird, von Jesus Christus erhöht werden. Wenn die christliche Kirche nicht zwischen Draussen und Drinnen geschieden hat, wird der Herr selbst scheiden, wenn Er kommt. Wer Ihn aufgenommen hat, den wird Er zu sich nehmen, erhöhen (Vers 21). Wer Ihn nie aufgenommen hat, wird auf die Erde «gespieen», also zurückgelassen werden, um mitsamt der Welt in der dann anbrechenden Drangsalszeit gerichtet zu werden.

Teil III:

«Was sein wird nach diesem» – Kapitel 4–22

Kapitel 4

Der Schöpfer auf Seinem Thron

Mit dem Kapitel 4 kommen wir zum dritten und damit zum Hauptteil unseres Buches:

«Nach diesem sah ich: und siehe, eine Tür war aufgetan in dem Himmel, und die erste Stimme, die ich gehört hatte wie die einer Posaune mit mir reden, sprach: Komm hier herauf, und ich werde dir zeigen, was nach diesem geschehen muss.»

Der Abschnitt beginnt mit der Wendung, der wir bereits in 1,19 begegnet waren. Dort hatte der Herr den Apostel angewiesen, zuerst zu schreiben, was er gesehen hatte, dann das, was ist, und als drittes, was «nach diesem» geschehen sollte. Hier wird genau dieser Ausdruck wieder aufgenommen und an die Spitze aller Darlegungen gestellt, die das Zukünftige betreffen. Es wird in der Folge bis zum Schluss des Buches um Dinge gehen, die nach der Gemeindezeit geschehen. Die entrückte Gemeinde befindet sich im Himmel, während Gott Sein altes Bundesvolk Israel durch eine Zeit schrecklicher Not, der «Drangsal Jakobs» (Jer. 30,7), zu sich führt, um es dann allen Anfeindungen zum Trotz ans Ziel zu bringen.

Nun wird oft eingewendet, es könne doch nicht sein, dass ab Kapitel 4 in diesem Buch nur Dinge stehen, welche die christliche Gemeinde nicht direkt betreffen, denn Gott würde der Gemeinde doch nicht ein biblisches Buch geben, das zum grössten Teil die Gemeinde selbst nicht betrifft. Also – so wird anhand dieses Arguments gefolgert – muss die Gemeinde ganz sicher durch die Drangsalszeit gehen. Das Argument hat keinerlei Gewicht; es ist sogar ausgesprochen schwach. Gott hat uns Menschen so geschaffen, dass wir uns in der Zeit vorwärts und rückwärts orientieren, dass wir mit Blick auf die Vergangenheit und auf die Zukunft leben. Nur der Tor lebt in einem geschichts- und zukunftslosen Jetzt. Der allergrösste Teil der ganzen Bibel handelt von Dingen, die uns nicht direkt betreffen, weil sie längst vergangen sind. So etwa die Berufung der Erzväter, die ganze Geschichte der erwählten Nation. Ist das alles deswegen für uns gegenstandslos? Sicher nicht. Und Gott hat uns, wie in der Einleitung des Buches bereits gesagt wurde, die Zukunft enthüllt, damit wir lernen, wie uns auch das Alte Testament zur Belehrung gegeben wurde (1. Kor. 10,6 + 11).

In Johannes 15,15 sagt der Herr zu den Jüngern: «Ich nenne euch nicht mehr Knechte, denn der Knecht weiss nicht, was sein Herr tut. Ich habe euch Freunde genannt, weil ich alles, was ich von meinem Vater gehört, euch kundgetan habe.» Haben wir das gut verstanden? Weil wir *Freunde* des Herrn sind, zieht Er uns ins Vertrauen und erzählt uns von Seinen Absichten mit der Gemeinde, mit Israel und mit den Nationen. Das gehört zur Stellung, zur Würde der Erlösten des Herrn.

Der Herr will uns als Seine Freunde lehren, Er will uns erziehen, damit wir immer besser in Wort und Tat Seinen Gedanken entsprechen. Dazu gehört, dass wir das Wesen der Welt verstehen. Und in diesem Buch sagt uns der Herr, diese stehe unter dem Zorn Gottes. Warum? Der Grund wird in den Kapiteln 4 und 5 gegeben, die jetzt vor uns liegen: Die Welt lehnt sich gegen den Schöpfer auf, und sie verachtet den Erlöser. Wenn das aber das Wesen der Welt ist, dann verstehen wir erstens, warum der Herr uns «aus diesem gegenwärtigen, bösen Zeitlauf» herausgenommen hat (Gal. 1,4), und zweitens werden wir die Welt nicht lieben wollen (1. Joh. 2,15).

Die Stimme, die zu Johannes bereits wie mit einer Posaune geredet hatte, sagt jetzt: «Komm hier herauf.» Wir dürfen stellvertretend in Johannes sicher das sehen, was der Herr der ganzen Gemeinde zurufen wird, wenn Er «mit gebietendem Zuruf, mit der Stimme des Erzengels und mit der Posaune Gottes herniederkommen» und die Gemeinde zu sich entrücken wird (1. Thess. 4,16 + 17).

«Alsbald war ich im Geiste; und siehe, ein Thron stand in dem Himmel, und auf dem Throne sass einer.»

Wie beim ersten Mal, da der Menschensohn zu Johannes redete, ist Johannes «im Geiste». Das unterstreicht noch einmal, dass hier eine neue Reihe von Mitteilungen beginnt. Das erste, das Johannes gezeigt wird, ist Gottes Thron im Himmel. Um diesen Thron wird sich im ganzen Buch alles drehen, besonders in den nächsten zwei Kapiteln. Mit ihm hängt zusammen, warum Gott die Welt richten muss. Der Thron ist natürlich der Inbegriff der Herrschaft Gottes über Seine Schöpfung. Weil Er nach Seinem souveränen Willen alles geschaffen hat, hat Er ein Anrecht darauf, dass alle Schöpfung

Ihm dient (4,11). Wenn nun der Mensch als Geschöpf Gottes dem Schöpfer diesen Dienst verweigert, muss ihn dieser richten. Das ist der erste Grund, warum die in diesem Buch beschriebenen Gerichte fallen.

«Und der da sass war von Ansehen gleich einem Jaspisstein und einem Sardis, und ein Regenbogen war rings um den Thron, von Ansehen gleich einem Smaragd.»

Bevor wir von Gerichten lesen, werden wir in diesem Gesicht daran erinnert, dass Gottes Gnade alle über die Erde verhängten Gerichte begrenzt hat: Der Regenbogen um den Thron ist das Zeichen, das Gott nach der Sintflut in die Wolken setzte, um daran zu erinnern, dass er nach den notwendigen Gerichten segnen werde (1. Mose 9,13–16), dass er «inmitten des Zornes des Erbarmens» gedenkt, wie einst Habakuk gebetet hatte (3,2). So sehr die Offenbarung ein Buch der Gerichte ist, ist es auch ein Buch der Bewahrung und Errettung. Vom Thron Gottes gehen wohl «Blitze und Stimmen und Donner» (Vers 5), alles Zeichen des Zornes Gottes (Ps. 18,13–15; 2. Mose 9,23; 1. Sam. 2,10) hervor; aber um den Thron ist auch der Regenbogen.

«Und rings um den Thron waren vierundzwanzig Throne, und auf den Thronen sassen vierundzwanzig Älteste, bekleidet mit weissen Kleidern, und auf ihren Häuptern goldene Kronen.»

Diese Ältesten stellen wohl alle entrückten Erlösten dar. Sie sind Priester – deshalb die weissen Kleider – und sie sind Könige – deshalb die Kronen (vgl. 1,5+6). Wie kommt es, dass sie auf Thronen sitzen? Weil sie sich einst unter Gottes mächtige Hand gedemütigt haben, hat Gott sie erhöht (Matth. 23,12; 1. Petr. 5,6). Sie sitzen auf Thronen, weil sie sich Gottes Thron unterwerfen (Verse 10 u. 11). Das hatte auch der Herr den Überwindern der Gemeinde in Thyatira (2,26; 3,21) und in Laodizäa verheissen.

«Und aus dem Throne gehen hervor Blitze und Stimmen und Donner; und sieben Feuerfackeln brannten vor dem Throne, welche die sieben Geister Gottes sind. Und vor dem Throne wie ein gläsernes Meer, gleich Kristall; und inmitten des Thrones und um den Thron her vier lebendige Wesen, voller Augen vorn und hinten. Und das erste lebendige Wesen war gleich einem Löwen, und das zweite lebendige Wesen gleich einem Kalbe, und das dritte lebendige Wesen hatte das Angesicht eines Menschen, und das vierte lebendige Wesen war gleich einem fliegenden Adler. Und die vier lebendigen Wesen hatten, ein jedes von ihnen für sich, je sechs Flügel, ringsum und inwendig sind sie voller Augen, und sie hören Tag und Nacht nicht auf zu sagen: Heilig, heilig, heilig, Herr, Gott, Allmächtiger, der da war und der da ist und der da kommt! Und wenn die lebendigen Wesen Herrlichkeit und Ehre und Danksagung geben werden dem, der auf dem Throne sitzt, der da lebt von Ewigkeit zu Ewigkeit, so werden die vierundzwanzig Ältesten niederfallen vor dem, der auf dem Throne sitzt, und den anbeten, der da lebt von Ewigkeit zu Ewigkeit, und werden ihre Kronen niederwerfen vor dem Throne und sagen: Du bist würdig, o unser Herr und unser Gott, zu nehmen die Herrlichkeit und die Ehre und die Macht; denn du hast alle Dinge erschaffen, und deines Willens wegen waren sie und sind sie erschaffen worden.»

Alles, was um den Thron Gottes ist und was vom Thron Gottes ausgeht, gibt Ihm Ehre. Der Psalmist sagt das mit etwas anderen Worten: «Preiset den Herrn alle seine Werke an allen Orten seiner Herrschaft» (103,22). Das will uns diese Schau in den Himmel sagen. Und wenn wir nur das verstanden haben und daraus in unserem Leben die entsprechenden Schlüsse ziehen, dann haben wir das Entscheidende begriffen, auch wenn wir Mühe haben zu verstehen, was diese lebendigen Wesen genau bedeuten.

Diese sind sie mit dem Thron Gottes untrennbar verbunden. Sie stellen in symbolischer Gestalt also irgendwie Seine vollkommene Herrschaft und besonders Seine Regierungswege dar, die am Ende dahin führen, dass alle Schöpfung Ihm Ehre geben muss.

Zudem scheint es, dass die vier lebendigen Wesen *Gottes indirekte Regierung in der Vorsehung* darstellen, Seine Herrschaft über alle Schöpfung, bevor Er Seinen Thron in Zion, das heisst auf dieser Erde, aufrichten wird. An den vier lebendigen Wesen wird deutlich, wie der Herr in Seinen Regierungswegen in der Vorsehung handelt. Er ist der Regent der ganzen Schöpfung, Herr auch aller menschlichen Geschichte, obgleich er nicht gesehen wird. Der Thron wird daher im Gesicht im Himmel, noch nicht auf der Erde, gesehen.

Die vier lebendigen Wesen symbolisieren mithin vier grundlegende Eigenschaften der Regierungswege Gottes. An ihnen erkennen wir, *wie* Gott in der Vorsehung handelt, und wir begreifen, dass durch alles, was geschieht, was Er verfügt und zulässt, Sein Name geheiligt wird; dies, obgleich der Mensch jetzt Gott vielfach lästert der mannigfaltigen Enttäuschungen und Rückschläge, der scheinbaren oder wirklichen Ungerechtigkeiten und Übervorteilungen wegen. Wir als Kinder Gottes dürfen und sollen hinter allem Gottes vollkommenes Regiment sehen und daher lernen, mit den vier lebendigen Wesen: «Heilig, heilig, heilig» dem zu rufen, der da ist, der da war und der da kommt.

Alle vier Wesen sind «voller Augen vorn und hinten». Das zeigt uns, dass Gott mit vollkommener Kenntnis aller Umstände, aller Ursachen und aller Folgen handelt. Wir können all das natürlich nicht überblicken; deshalb erscheint uns so vieles, was auf der Erde geschieht, rätselhaft. Lasst uns aber unserem Schöpfer und Erlöser vertrauen, dass Er in vollkommener Weisheit über allem wacht und alles so lenkt und so ordnet, dass am Ende die Seinen gesegnet und Er verherrlicht wird (Röm. 8,28).

Das erste Wesen war gleich einem Löwen. Dieser ist «der Held unter den Tieren, der vor nichts zurückweicht» (Spr. 30,30), dem niemand zu widerstehen vermag. So rennt der Mensch vergeblich gegen Gottes Absichten an. Diesen kann niemand trotzen. Gottes Ratschlüsse erfüllen sich.

Das zweite Wesen ist gleich einem Stier. Gott arbeitet in Seiner Kraft beharrlich und zielstrebig auf die Erfüllung Seiner Absichten zu, so beharrlich wie ein Ochse, der seine Furchen zieht, bis das ganze Feld gepflügt ist. Nichts kann den Herrn von Seinen Wegen, die am Ende Leben und Frieden bedeuten (Jer. 29,11), abbringen. Hierin hat der Volksmund recht, der sagt: «Gottes Mühlen mahlen langsam, aber gerecht.»

Das dritte Wesen hatte das Angesicht eines Menschen, des einzigen mit Vernunft begabten Geschöpfes auf der Erde. Das spricht von der Weisheit (Jes. 28,23–29; Röm. 11,33; Eph. 3,10), mit der Gott in einer jahrtausendelangen Geschichte auf Seine Ziele hin arbeitet.

Das vierte Wesen gleicht einem Adler, dem Tier, das daran erinnert, dass, obgleich von ferne kommend (5. Mose 28,49), da von jeher beschlossen, Gottes Gerichte schnell fallen werden (Matth. 24,28). Gleichzeitig aber wird Gott in Seiner Vorsehung gleich einem Adler die Seinen in der Zeit bewahren (5. Mose 32,11+12) und durch die Zeit hindurchtragen (2. Mose 19,4).

Alles, was irgend geschieht, muss Ihm und Seinen Zielen dienen. Und der Mensch ist dazu geschaffen, darob seinen Gott und Schöpfer vertrauensvoll anzubeten, wie es die vierundzwanzig Ältesten tun. Nur die erlöste Gemeinde vermag das jetzt. Während der Ungläubige voller Hader und Trotz sich gegen seine Umstände auflehnt, weiss das Kind Gottes in «allem Dank zu sagen; denn das ist der Wille Gottes in Christus Jesus» (1. Thess. 5,18). Wer das vermag, weil er geglaubt und erkannt hat, dass «Seines Willens wegen» alles geschieht, ist ein wahrhaft glücklicher Mensch. Ihm fehlt nichts.

Wenn endlich die Ältesten ihre Kronen niederwerfen, bekennen sie damit, dass sie alle Ehre, alle Herrlichkeit, zu der ihr Schöpfer und Erlöser sie erhöht hat, diesem selbst verdanken; denn Er hat sie in Seinem Blut gewaschen und zu einem Königtum gemacht (1,6). Wenn die Kronen auch an den Lohn erinnern (Kapitel 2,10; 3,11), den uns der Herr für Treue im Dienst geben wird, dann verstehen wir: Wir verdanken es Ihm, dass wir überhaupt an Ihn glauben und Ihm dienen konnten. Alles ist Seine Gnade (1. Kor. 15,10).

Kapitel 5

Der Richter (5,1–5)

«Und ich sah in der Rechten dessen, der auf dem Throne sass, ein Buch, beschrieben inwendig und auswendig, mit sieben Siegeln versiegelt. Und ich sah einen starken Engel, der mit lauter Stimme ausrief: Wer ist würdig, das Buch zu öffnen und seine Siegel zu brechen? Und niemand in dem Himmel noch auf der Erde, noch unter der Erde vermochte das Buch zu öffnen noch es anzublicken. Und ich weinte sehr, weil niemand würdig erfunden wurde, das Buch zu öffnen noch es anzublicken. Und einer von den Ältesten spricht zu mir: Weine nicht! Siehe, es hat überwunden der Löwe, der aus dem Stamme Juda ist, die Wurzel Davids, das Buch zu öffnen und seine sieben Siegel.»

Das Öffnen des Buches löst die Gerichte Gottes aus, wie uns dann in Kapitel 6 deutlich wird. Wenn hier also die Frage gestellt wird, wer würdig sei, die Siegel zu öffnen, dann wird damit gefragt: Wer ist würdig, wer hat das Recht zu richten? Kein Mensch, kein Geschaffenes, ist würdig zu richten, sondern nur Gott selbst. Gott, der Schöpfer, das sahen wir in Kapitel 4; Gott, der Erlöser zeigt uns dieses Kapitel. Nun aber sagt uns Jesus Christus in Johannes 5,27: «Er (der Vater) hat ihm Gewalt gegeben, Gericht zu halten, weil er des Menschen Sohn ist.» Der Richter der Menschheit ist ein vollkommener Mensch; Er ist aber auch Gott der Schöpfer und Gott der Erlöser in einer Person. Erneut haben wir ein unleugbares Bekenntnis zur Gottheit Jesu Christi vor uns.

Johannes weint zunächst, da niemand gefunden wird, der würdig ist, die Gerichte über die Erde zu verhängen. Warum das? Ist er ein so schadenfroher Mensch, dass er wie einst ein Jona am Stadtrand von Ninive über die Massen enttäuscht ist, dass das Gericht ausbleibt (Jona 4,1)? Johannes weint, weil es ihm ein unerträglicher Gedanke ist, dass das Böse ewig regieren und nie gerichtet werden soll. Wie entsetzlich wäre das, wenn Unrecht nie bestraft würde; denn dann wäre die Erde ein ewiges Tränental, dann gäbe es nie und für niemand Befreiung von der Willkür des Bösen. Wie dankbar sind wir daher, dass Gott das Böse eines Tages richten und schliesslich ganz aus Seiner Schöpfung verbannen wird. Darum zeugt es nur von vollständiger Blindheit, wenn Menschen ganz entrüstet jeden Gedanken von sich weisen, dass es einen Gott des Gerichts geben soll. Richtete Gott das Böse nicht, würde Willkür, Bosheit, Lüge, Quälerei, Hinterlist und Tücke am Ende das Universum regieren und uns ewig schinden und quälen. Wer kann denn so etwas wollen? Nur der Widersacher Gottes und der von ihm verblendete, sündige Mensch.

Das Lamm inmitten des Thrones (5,6–14)

«Und ich sah inmitten des Thrones und der vier lebendigen Wesen und inmitten der Ältesten ein Lamm stehen wie geschlachtet, das sieben Hörner hatte und sieben Augen, welche die sieben Geister Gottes sind, die gesandt sind über die ganze Erde. Und es kam und nahm das Buch aus der Rechten dessen, der auf dem Throne sass. Und als es das Buch nahm, fielen die lebendigen Wesen und die vierundzwanzig Ältesten nieder vor dem Lamme, und sie hatten ein jeder eine Harfe und goldene Schalen voll Räucherwerk, welches die

Gebete der Heiligen sind. Und sie singen ein neues Lied: Du bist würdig, das Buch zu nehmen und seine Siegel zu öffnen; denn du bist geschlachtet worden und hast für Gott erkauft durch dein Blut aus jedem Stamm und Sprache und Volk und Nation und hast sie unserem Gott zu Königen und Priestern gemacht, und sie werden über die Erde herrschen!»

Beachten wir zuerst, wer das Buch der Gerichte entgegennimmt, um die Siegel zu öffnen. Es ist das «Lamm wie geschlachtet». Bevor Er die Welt richtet, hat Er selbst «in seinem Leibe auf dem Holz» (1. Petr. 2,24) das unerbittliche Gericht eines heiligen Gottes getragen. Daher ist er doppelt «würdig, das Buch zu nehmen und seine Siegel zu öffnen» (Vers 9). Bedenken wir: Zuerst hat Er uns erschaffen, hat also daher bereits einen gerechten Anspruch darauf, dass wir Ihm dienen; dann hat Er uns erlöst. Und auf was für einem Weg! Indem Er das Gericht, das uns alle wegen unserer Auflehnung gegen den Schöpfer hätte treffen müssen, *auf sich selbst genommen hat*! In Seinem Tod hat Er für Dich und für mich bezahlt. Damit hat Er doppeltes Anrecht darauf, dass wir Ihm dienen, Ihm gehorchen, uns Seinem Willen bedingungslos beugen. Darum singen die Erlösten: «Du bist würdig, das Buch zu nehmen und seine Siegel zu öffnen; *denn du bist geschlachtet worden und hast für Gott erkauft durch dein Blut...*» (Vers 9).

Noch eines, bevor wir weiterfahren: Der Seher Johannes sieht «inmitten des Thrones ein Lamm wie geschlachtet» (Vers 6). Wir stellten bereits fest, dass der Thron Gottes von Gottes Regierung spricht, der gegenwärtigen indirekten durch Seine Vorsehung wie auch von der zukünftigen direkten, wenn Er als König in Zion regieren wird. Die Mitte aller Regierung Gottes, die Mitte aller Wege, die Gott mit dem Menschen geht, ist *das geschlachtete Lamm*. So ist Gott. Seine Regierung vereint in sich unbeugsame Gerechtigkeit: Gott musste die Sünde richten, das Lamm musste geschlachtet werden (Sach. 13,7); und unfassbare Liebe: Gott legte das Gericht nicht auf uns, die es verdient hätten, sondern auf Seinen Sohn. Auf dieser Grundlage wird Gott Seine segensreiche Regierung über eine erlöste Menschheit aufrichten. Darum ist das Lamm das Zentrum allen göttlichen Handelns. Zu Ihm hin ist alles angelegt, von Ihm geht alles aus. Am Tod Jesu Christi entscheidet sich und erklärt sich das Schicksal eines jeden Menschen und damit der ganzen Menschheit. Wer Ihn verwirft, steht unter dem «Zorn des *Lammes*» (6,16); wer Ihm glaubt, betet Ihn an für «eine so grosse Errettung» (Hebr. 2,3). Letzteres lesen wir in den Versen 8–10: Die Erlösten fallen vor Ihm nieder. Und in den Versen 11–14: Alle Engel, ja, die ganze Schöpfung gibt Ihm Ehre.

Erst nachdem die Kapitel 4 und 5 uns erklärt haben, warum Gott die Welt richten muss, beginnen die Gerichte. Sind wir nicht dankbar, dass uns Gott gesagt hat, warum Er richtet? Einmal, damit wir es für uns wissen, aber auch damit wir es unserem Mitmenschen sagen können: «Wenn Du dem Schöpfer trotzest, wird er Dich richten müssen; und wenn Du den Erlöser geringachtest, der Sein Leben für Dich gegeben hat, wird Er Dich richten müssen.»

Kapitel 6

Die ersten sechs Siegel werden geöffnet

Die Siegel werden vom Lamm geöffnet, die vier Pferde mit ihrem Reiter werden durch den Befehl eines der vier lebendigen Wesen in Bewegung gesetzt. Wenn diese für Gottes Wirken in der Vorsehung stehen, dann sind die in diesem Kapitel geschriebenen Gerichte indirekte, durch Gottes Vorsehung verhängte Gerichte. Und zudem: Wenn das Buch mit den sieben Siegeln das Buch der direkten göttlichen Gerichtsschläge ist, dann beginnen diese doch erst damit, dass die Buchrolle geöffnet ist. Ein jedes gebrochene Siegel ist lediglich ein Schritt näher zur Öffnung des Buches; aber erst das *siebte Siegel* öffnet es. Daher beginnen erst von da an Gottes direkten Plagen. Die sechs in diesem Kapitel beschriebenen Siegel bilden mithin vorbereitendes Handeln Gottes, bevor Seine direkten Gerichtsschläge (die Posaunen in Kapitel 8 und die Schalen in Kapitel 16) die Erde treffen.

Die in der Vorsehung verhängten Strafen erkennt freilich der ungläubige Mensch nicht als solche. Für ihn erklären sich politische, gesellschaftliche, wirtschaftliche und militärische Auf-, Um- und Abbrüche, wie sie in den Siegelgerichten beschrieben werden, nur als Folgen von innerweltlichen, mehr oder weniger zufälligen Konstellationen von Ideen, Menschen und Mächten. Hinter allem aber steht die unsichtbare Hand des Gottes, der alle Geschichte lenkt. Er will durch den Wechsel von Frieden und Krieg, Wohlfahrt und Mangel, durch den Sturz und durch die Erhöhung von Regierungen den Menschen zur Erkenntnis Jesu Christi und zum Glauben an Ihn erziehen. Das lesen wir unter anderem in Psalm 107, wo die Beschreibung der wechselvollen Geschichte des Volkes Israel (Verse 1–32) mit den Versen beschlossen wird:

«Er macht Ströme zur Wüste und Wasserquellen zu dürrem Lande, fruchtbares Land zur Salzsteppe, wegen der Bosheit der darin Wohnenden. Er macht zum Wasserteich die Wüste, und dürres Land zu Wasserquellen ... sie besäen Felder und pflanzen Weinberge, welche Frucht bringen als Ertrag. Und er segnet sie, und sie mehren sich sehr ... und sie vermindern sich und werden gebeugt durch Bedrückung, Unglück und Jammer. Er schüttet Verachtung auf Fürsten ... und er hebt den Armen empor aus dem Elend... *Wer weise ist, der wird dieses beachten, und verstehen werden sie die Beständigkeit des Herrn*» (Verse 33–43; vgl. auch Hos. 14,9).

Bevor wir uns den einzelnen Siegeln zuwenden, ein knapper Überblick über die Ereignisse, die sie behandeln:

Die ersten sechs Siegel umfassen den Zeitraum zwischen Entrückung und Aufsteigen des letzten Weltherrschers zur totalen (und totalitären) Macht. Der Herr nennt diese Periode in Seiner Endzeitrede «den Anfang der Wehen» (Matth. 24,8). Nach der Entrückung der Gemeinde wird eine Zeit des internationalen Ausgleichs, des relativen Friedens und Wohlstandes einer gottlosen Menschheit ein Gefühl der Sicherheit vermitteln. Davon spricht das erste Siegel. Dann aber wird Gott dafür sorgen, dass der Friede gestört und der Wohlstand angegriffen wird. Schliesslich wird die überhandnehmende Gesetzlosigkeit (Matth. 24,12) die menschliche Zivilisation in ein solch entsetzliches Chaos stürzen, dass die Menschen meinen, das Ende der Welt sei gekommen. Davon spricht das sechste Siegel. Aus diesem totalen Chaos wird die letzte grosse Weltmacht mit ihrem totalitären Herrscher an der Spitze aufsteigen, das Tier aus dem Abgrund. Dessen Aufstieg leitet die zweite Hälfte der im Buch der Offenbarung beschriebenen Gerichtszeit ein, die sogenannte «grosse Drangsal» (Kapitel 7,14; Matth. 24,21).

Das 1. Siegel (6,1+2)

«Und ich sah, als das Lamm eines von den sieben Siegeln öffnete, und ich hörte eines von den vier lebendigen Wesen wie eine Donnerstimme sagen: Komm! Und ich sah, und siehe, ein weisses Pferd, und der darauf sass hatte einen Bogen; und eine Krone wurde ihm gegeben, und er zog aus, siegend und auf dass er siegte.»

Was können wir aus den Siegelgerichten lernen? Inwiefern sind die hier beschriebenen Dinge Erweise der gerechten Wege Gottes, die der Erziehung des Menschen dienen? Das Brechen des ersten Siegels lässt ein *weisses Pferd* ausziehen. Weiss steht in der Bibel häufig für Gerechtigkeit, so auch in diesem Buch (2,4; 6,11; 7,9; 19,8). Sind aber die nachfolgenden Pferde mit ihren Reitern Hinweise auf Unheil, das Gott als Antwort auf Sünde und Auflehnung sendet, dann steht auch das erste Pferd kaum für göttliche und damit segenspendende, sondern viel eher für *menschliche Gerechtigkeit*, oder besser: Selbstgerechtigkeit. Nach der Entrückung der christlichen Gemeinde von der Erde wird gemäss prophetischem Wort eine kurze Zeit des Friedens, des Wohlstandes, des Gefühls der Sicherheit einkehren (1. Thess. 5,3). Eine «gerechte» Weltordnung scheint sich endlich durchgesetzt zu haben. Bemerkenswert ist, dass die endzeitliche Gemeinde *Laodizäa*, die «Volksgerechte», heisst. Die Forderung nach Recht für den Menschen verdrängt in unserer Zeit fast vollständig die Frage nach dem, was *vor Gott* gerecht ist. Nach der Entrückung der Gläubigen wird auch die ganze Christenheit nur noch um zwischenmenschliche Gerechtigkeit besorgt sein. Und für eine kurze Zeit wird Gott es zulassen, dass eine Menschheit, die den Schöpfer und dessen gerechten Forderungen unter den Tisch gekehrt hat, erfolgreich sein wird. Der Reiter zog aus «siegend, und auf dass er siegte». Dabei hält er lediglich einen Bogen, aber keine Pfeile in der Hand, also eine entschärfte Waffe. Vielleicht ist das ein Hinweis auf die Bemühungen um *Abrüstung* zur Sicherung von «Friede und Sicherheit» (1. Thess. 5,3).

Das 2. Siegel (6,3+4)

«Und als es das zweite Siegel öffnete, hörte ich das zweite lebendige Wesen sagen: Komm! Und es zog aus ein anderes, feuerrotes Pferd; und dem, der darauf sass, ihm wurde gegeben, den Frieden von der Erde zu nehmen, und dass sie einander schlachteten; und ein grosses Schwert wurde ihm gegeben.»

Das zweite Siegel zeigt, dass offiziell betriebene Abrüstung weder die Waffen noch den Krieg von der Welt schaffen können. Das «feuerrote Pferd» spricht von Krieg: von Feuer und Blutvergiessen. Friede ist eine Gabe Gottes, der Mensch kann ihn nicht schaffen, auch nicht «ohne Waffen»; nein, Gott ist es, «der Frieden stellt in deine Grenzen» (Ps. 147,14). Frieden ist eine Folge der Unterordnung des Menschen unter die Regierung Gottes. Weil der Mensch das nicht glaubt, sendet Gott Krieg, damit der eine oder andere es zu Herzen nehme, glaube und sich vor Gott demütige.

Das 3. Siegel (6,5 + 6)

«Und als es das dritte Siegel öffnete, hörte ich das dritte lebendige Wesen sagen: Komm! Und ich sah: und siehe, ein schwarzes Pferd, und der darauf sass hatte eine Waage in seiner Hand. Und ich hörte wie eine Stimme inmitten der vier lebendigen Wesen, welche sagte: Ein Chönix Weizen für einen Denar, und drei Chönix Gerste für einen Denar; und das Öl und den Wein beschädige nicht.»

Bereits vor dreieinhalbtausend Jahren hat der Herr uns gesagt: «Hüte dich, dass du des Herrn deines Gottes nicht vergessest ... dass dein Herz sich erhebe ... und du in deinem Herzen sprechest: Meine Kraft und die Stärke meiner Hand hat mir dieses Vermögen geschaffen! Sondern du sollst des Herrn, deines Gottes, gedenken, dass er es ist, der dir Kraft gibt, Vermögen zu schaffen...» (5. Mose 8,11–18). Weil der Mensch auch das nicht anerkennen will, nimmt ihm Gott den Wohlstand. Das schwarze Pferd mit seinem Reiter spricht von Mangel und Hunger. Ein Chönix Weizen, das ist ungefähr ein Kilogramm, kostet *einen Taglohn* (vgl. Matth. 20,2). Man stelle sich vor, wenn von heute auf morgen die satten Schweizer mit ihrem dicken Portemonnaie einen Taglohn für ein Kilo Brot hinblättern müssten! Wenn es der Überfluss nicht vermochte, dann will der Mangel dem Menschen sagen, dass er nichts ist und nichts hat ohne den Schöpfer. Dazu sendet Gott beim Brechen des dritten Siegels teure Zeit.

Das 4. Siegel (6,7 + 8)

«Und als es das vierte Siegel öffnete, hörte ich die Stimme des vierten lebendigen Wesens sagen: Komm! Und ich sah und siehe, ein fahles Pferd, und der darauf sass, sein Name war Tod; und der Hades folgte ihm. Und ihm wurde Gewalt gegeben über den vierten Teil der Erde, zu töten mit dem Schwert und mit Hunger und mit Tod und durch die wilden Tiere.»

Gott ist Quell und Urheber des Lebens (Ps. 36,10; Apg. 3,15). Wird er verleugnet, sendet Gott Tod: Zerfall aller gesellschaftlichen Beziehungen, aller Ordnung und Harmonie, Zerrüttung auch der einzelnen Person. Mit «Tod» ist hier gewiss mehr als der blosse leibliche Tod gemeint; denn dieser hat seit der Vertreibung aus dem Paradies geherrscht, stellt also gewiss nichts Neues dar, das erst als zukünftiges Gericht die Erde heimsuchen wird. Nein, mit Tod ist hier die Auflösung der sittlichen, die Gesellschaft zusammenhaltenden Kräfte gemeint. Die Folge ist Anarchie. Wilde Tiere sind böse Menschen (Tit. 1,12; 1. Kor. 15,32; Off. 13,1), die ihre Mitmenschen terrorisieren. Gott wird es so fügen, dass in gewissen Teilen der Erde – es wird nur der «vierte Teil» derselben befallen – ruchlose Menschen die Herrschaft an sich reissen. Gerade in unserem Jahrhundert haben wir einen Vorgeschmack davon erhalten, als blutrünstige Tyrannen wie ein Lenin, Stalin, Hitler oder Khomeini für eine Zeit ihr Schreckensregiment führten.

Das 5. Siegel (6,9–11)

«Und als es das fünfte Siegel öffnete, sah ich unter dem Altar die Seelen derer, welche geschlachtet worden waren um des Wortes Gottes und um des Zeugnisses willen, das sie hatten. Und sie riefen mit lauter Stimme und sprachen: Bis wann, o Herrscher, der du heilig und wahrhaftig bist, richtest und rächest du nicht unser Blut an denen, die auf der Erde wohnen? Und es wurde ihnen, einem jeden, ein weisses Gewand gegeben; und es wurde ihnen gesagt, dass sie noch eine kleine Zeit ruhen sollten, bis auch ihre Mitknechte und ihre Brüder vollendet sein würden, die ebenso wie sie getötet werden würden.»

Es liegt in der Natur der Sache begründet, dass eine Menschheit, die sittlich verkommen und deren Zivilisation zerfallen und der Anarchie gewichen ist, die Glaubenden bis aufs Blut hasst. Viele Erlöste werden erbarmungslos umgebracht werden, weil sie mit ihren Überzeugungen und mit ihrem Leben einem Noah gleich die Welt verurteilen (Hebr. 11,7). Unser Jahrhundert ist bereits *das* Jahrhundert der Verfolgungen gewesen, wenn wir an das stalinistische Sowjetimperium, an das maoistische China, an das nationalsozialistische Deutschland, an das islamische Persien denken. Es wird aber noch schlimmer kommen. Die «Seelen unter dem Altar» sind Märtyrer der ersten Zeit der Wehen. Es werden ihnen noch zahlreiche ihrer Brüder in der weit schrecklicheren letzten Zeit der Wehen folgen (11,7; 12,17).

Die Ermordung der Gläubigen ist einmal Symptom einer verkommenen Zivilisation; sie ist aber auch Ursache eines noch grösseren Chaos. Werden das Licht und das Salz aus dem menschlichen Gemeinwesen verdrängt, muss dieses in sich zusammenbrechen. Davon spricht das sechste Siegel:

Das 6. Siegel (6,12–17)

«Und ich sah, als es das sechste Siegel öffnete, und es geschah ein grosses Erdbeben; und die Sonne wurde schwarz wie ein härener Sack, und der ganze Mond wurde wie Blut, und die Sterne des Himmels fielen auf die Erde, wie ein Feigenbaum, geschüttelt von einem starken Winde, seine unreifen Feigen abwirft. Und der Himmel entwich wie ein Buch, das aufgerollt wird, und jeder Berg und jede Insel wurden aus ihren Stellen gerückt. Und die Könige der Erde und die Grossen und die Obersten und die Reichen und die Starken und jeder Knecht und Freie verbargen sich in die Höhlen und in die Felsen der Berge; und sie sagen zu den Bergen und zu den Felsen: Fallet auf uns und verberget uns vor dem Angesicht dessen, der auf dem Throne sitzt und vor dem Zorne des Lammes; denn gekommen ist der grosse Tag seines Zornes, und wer vermag zu bestehen?»

Vergessen wir gerade bei dieser Schilderung nicht, dass Gott zum Apostel *in Zeichen* spricht. Das stand in der Vorrede des Buches: «... durch seinen Engel sendend hat er es seinem Knechte Johannes *durch Zeichen kundgetan*»; denn so müsste man den Ausdruck «gezeigt» sinngemäss korrekt wiedergeben (1,1). Die im Gesicht wahrgenommenen kosmischen Umwälzungen sind also Zeichen, Symbole für sittliche, politische und gesellschaftliche Umwälzungen. Ein Detail schon zeigt, dass es unmöglich buchstäblich aufgefasst werden kann: Die Sterne des Himmels können nicht im wörtlichen Sinn auf die Erde fallen; täten sie es, bliebe keine Erde, blieben keine Menschen mehr zurück, die sich aus Angst vor dem kommenden Gericht in Höhlen und Klüfte verbergen wollen. Wovon sprechen dann die Symbole?

Das Erdbeben will wohl besagen, dass alles, was im menschlichen Zusammenleben bisher fest war, weicht. Normalerweise ist der Boden unter den Füssen das Sicherste im Leben. Daher muss das ein so schreckliches Erleben sein, wenn mit einemmal der Boden unter den Füssen nachgibt. Das bezeugen solche, die ein Erdbeben schon durchgestanden haben. Wenn plötzlich das Zuverlässigste und Selbstverständlichste, womit man bisher gelebt hat – durch Recht geschützte öffentliche Ordnung – nicht mehr hält, dann stürzt man in bodenlose Angst.

Die Himmelskörper sind ein Symbol für Regierungsgewalten. Das zeigt uns ein Blick in den Schöpfungsbericht. Die Sonne und der Mond wurden erschaffen, um über den Tag und über die Nacht zu «herrschen» (1. Mose 1,18). Die Sonne, «das grosse Licht», ist ein Bild auf *die höchste Regierungsgewalt*. Das Bild wird auch auf den Messias angewendet. Wenn er kommt, um seine heil- und segenbringende Herrschaft aufzurichten, wird er «Sonne der Gerechtigkeit» (Mal. 3,20 bzw. 4,2) genannt. Wird nun beim sechsten Siegel die Sonne «schwarz wie ein härener Sack», dann heisst das ganz einfach, dass sie ihre Funktion nicht mehr erfüllen kann: Die bisherige oberste Regierungsautorität verliert ihre Macht.

Der Mond wird rot wie Blut. Regierungen sind von Gott eingesetzt, um das Böse zu strafen und das Gute zu schützen, kurz: um das Leben zu erhalten und zu fördern. Hier geschieht das Gegenteil. Gewalten werden benutzt, um das Leben zu hindern und zu nehmen. Das beginnt sich bereits in unseren Tagen abzuzeichnen. Was ein gewissenloser Alleinherrscher wie Adolf Hitler bereits tat – Ausmerzung von sogenannt «lebensunwertem Leben» – tun seit einigen Jahren auch Institutionen demokratisch regierter Länder: Staatlich finanziert und gefördert wird als lebensunwert beurteiltes Leben ausgemerzt. Was die Menschen heute als ihr Recht einfordern – auf Wunsch auch töten zu dürfen – wird bald mit potenzierter Gewalt auf sie zurückfallen.

Die Sterne sind zur Orientierung in Zeit und Raum ans Firmament gesetzt worden. Fallen diese vom Himmel, so bedeutet das ebenfalls, dass sie ihren Einfluss einbüssen: Der Mensch verliert jede sittliche Orientierung. Der Himmel, der wie eine Buchrolle aufgerollt wird, spricht von jeglicher von Gott eingesetzten menschlichen Regierung – Daniel sagt, dass durch die von Gott eingesetzten Regenten «die Himmel herrschen» (4,26) – die beiseite gesetzt wird. Es bedeutet wohl soviel, dass nach dem Zusammensturz aller öffentlichen Ordnung eine Regierung emporkommen wird, die erstmals nicht von Gott, sondern von Satan selbst ist: Das Tier steigt «aus dem Abgrund» herauf (11,7); und «der Drache gab ihm seinen Thron» (13,2).

Der vollständige Zusammenbruch jeglicher menschlichen Regierung löst nun eine Panik unter den Menschen aus. Ihr seit Jahren abgestumpftes Gewissen wird sie plötzlich schrecken: Sie meinen, jetzt sei der Zorn dessen, den sie immer verdrängt oder verhöhnt hatten, plötzlich über sie gekommen (vgl. Spr. 10,24). Daher schreien sie: «Gekommen ist der grosse Tag seines Zornes» (Vers 17). Die Reaktion zeigt, dass auch der ungläubige Mensch in seinem Innersten weiss, dass ein Gott ist, der eines Tages als Richter die menschliche Geschichte zum Abschluss bringen wird. Hier ist freilich dieses Ende noch nicht gekommen. Im Gegensatz zu 10,7 und 11,15–18 und 12,10 und 19,1 + 6, wo jedesmal *der Himmel* das Ende bezeugt, sagen es hier nur die aufgeschreckten Menschen. Nein, mit dem *sechsten* Siegel kann das Ende nicht gekommen sein; das Buch der Gerichte ist ja noch nicht einmal geöffnet. Es stehen noch weit schlimmere Gerichte aus; aber dann, wenn der Zorn des Lammes wirklich fällt, werden die Menschen nur noch lästern können (16,9 + 11).

Aus diesem Chaos wird das Tier zur absoluten Herrschaft aufsteigen. Daher wird dieser Einsturz wohl die Zeit des «Anfangs der Wehen» abschliessen und die zweite Hälfte der Gerichtszeit, die sogenannte «Grosse Drangsal» (7,14) einleiten.

Kapitel 7

Ein Zwischenspiel der Gnade

Bevor im achten Kapitel das siebte Siegel gebrochen wird und damit die Gerichtsschläge Gottes fallen, zeigt uns das vorliegende Kapitel,

wie Gott dafür sorgt, dass durch alle Gerichte hindurch seine Erwählten bewahrt und viele Seelen durch Glauben gerettet werden.
Das Gebet Habakuks (3,2) wird erhört.

Versiegelte aus Israel (7,1–8)

«Nach diesem sah ich vier Engel auf den vier Ecken der Erde stehen, welche die vier Winde der Erde festhielten, auf dass kein Wind
wehe auf der Erde, noch auf dem Meere, noch über irgend einen
Baum. Und ich sah einen anderen Engel von Sonnenaufgang heraufsteigen, welcher das Siegel des lebendigen Gottes hatte; und er
rief mit lauter Stimme den vier Engeln, welchen gegeben worden
war, die Erde und das Meer zu beschädigen, und sagte: Beschädiget
nicht die Erde, noch das Meer, noch die Bäume, bis wir die Knechte
unseres Gottes an ihren Stirnen versiegelt haben. Und ich hörte die
Zahl der Versiegelten: Hundertvierundvierzigtausend Versiegelte.
Aus jedem Stamme der Söhne Israels...»

Gott erfüllt Seine durch Jakob (1. Mose 49), durch Mose (5.
Mose 33) und durch die Propheten (Jes. 54; Jer. 33; Hes. 47+48;
Hos. 13,4–7; Joel 3; Am. 9,11–15 etc.) an den Samen Abrahams ge-
gebenen Verheissungen. Die zwölf Stämme werden gerettet und
wieder zusammengeführt werden, um das den Vätern verheissene
Land zu erben und auf immer zu besitzen (Hes. 48). Er sorgt dafür,
dass die von Ihm dazu Erwählten durch nichts und niemand ge-
schädigt werden können, so dass sie wie einst Noah durch die Was-
serflut durch die Jahre schrecklicher Plagen hindurchgetragen (Jes.
43,1+2) und in den ersehnten Hafen des Heils (vgl. Ps. 107,30) geführt werden: Sie werden «versiegelt», das heisst unter Gottes
Schutz gestellt und als Gottes Besitz ausgesondert. Man hat schon
versucht, den Ausdruck «Versiegelte aus jedem Stamm der Söhne
Israels» als eine metaphorische Redensart zu verstehen, die für alle
erlösten Menschen steht, gleichgültig aus welcher Nation sie sind.
Das ist eine falsche Vorstellung; denn gerade in den sich anschliessenden Versen wird im Gegensatz zu hier von Nationen, Stämmen
und Sprachen geredet. Dieser Gegensatz macht deutlich, dass die
Versiegelten ganz buchstäblich Israeliten sind und sonst niemand.

Bevor wir zum nächsten Gesicht kommen, noch zu Vers 1. Die
«vier Engel, die an den vier Ecken der Erde stehen», halten die «vier

Winde der Erde fest». Das erinnert uns an ein Gesicht Daniels. Wir lesen in Daniel 7,2 + 3:

«Ich schaute in meinem Gesicht bei der Nacht, und siehe, die vier Winde des Himmels brachen los auf das grosse Meer. Und vier grosse Tiere stiegen aus dem Meere herauf...»

Wenn die vier Winde des Himmel wehen, werden die Tiere, das sind Herrscher und ihre Reiche, aus dem (Völker)Meer emporgehoben. Das letzte dieser Tiere wird in Offenbarung 13 beschrieben. Heisst es nun in Offenbarung 7,1, dass Gott die Winde zurückhält, dann will Er uns damit sagen, dass alle Mächte und Kräfte, die am Ende das antichristliche Weltreich zuoberst hinauftragen, von Gott gehalten und überwacht werden, so dass sie nicht gegen Seinen Willen Seine Erwählten antasten können. Wie gross ist unser Gott! Er ist «der Hüter Israels, der nicht schlummert noch schläft» (Ps. 121,4) und der den Gewaltigen dieser Welt gebietet: «Tastet meine Gesalbten nicht an, und meinen Propheten tut nichts Übles» (Ps. 105,15).

Errettete aus den Nationen (7,9–17)

«Nach diesem sah ich: und siehe, eine grosse Volksmenge, welche niemand zählen konnte, aus jeder Nation und aus Stämmen und Völkern und Sprachen, und sie standen vor dem Throne und vor dem Lamme, bekleidet mit weissen Gewändern, und Palmen waren in ihren Händen. Und sie rufen mit lauter Stimme und sagen: Das Heil unserem Gott, der auf dem Throne sitzt, und dem Lamme! Und alle Engel standen um den Thron her und um die Ältesten und die vier lebendigen Wesen, und sie fielen vor dem Throne auf ihre Angesichter und beteten Gott an und sagten: Amen! die Segnung und die Herrlichkeit und die Weisheit und die Danksagung und die Ehre und die Macht und die Stärke unserem Gott von Ewigkeit zu Ewigkeit! Amen.»

Der Gegensatz zu den Versiegelten ist hier augenfällig: Es sind Gerettete aus *allen* Völkern und Stämmen, nicht lediglich aus den zwölf Stämmen der Söhne Israels. Sodann ist ihre Menge so gross, dass man sie, anders als die Versiegelten, nicht zählen kann. Unzählige Heiden werden in den Jahren der Drangsal durch die Drangsal zur Besinnung kommen, die Botschaft des Heils, das «Evangelium des Reiches» (Matth. 24,14) annehmen und so gerettet werden.

Sie werden an Jesus als den kommenden Messias und König glauben. Daher haben sie *Palmen* in den Händen, das Zeichen derer, die den König empfangen (Joh. 12,13); daher stehen sie auch vor dem Throne: Sie anerkennen Seine Regierung. Und sie haben weisse Gewänder: Sie sind durch Glauben gerecht geworden.

«Und einer von den Ältesten hob an und sprach zu mir: Diese, die mit weissen Gewändern bekleidet sind, wer sind sie, und woher sind sie gekommen? Und ich sprach zu ihm: Mein Herr, du weisst es. Und er sprach zu mir: Dies sind die, welche aus der grossen Drangsal kommen, und sie haben ihre Gewänder gewaschen und haben sie weiss gemacht in dem Blute des Lammes. Darum sind sie vor dem Throne Gottes und dienen ihm Tag und Nacht in seinem Tempel, und der auf dem Throne sitzt wird sein Zelt über ihnen errichten. Sie werden nicht mehr hungern, auch werden sie nicht mehr dürsten, noch wird je die Sonne auf sie fallen noch irgend eine Glut; denn das Lamm, das in der Mitte des Thrones ist, wird sie weiden und sie leiten zu Quellen der Wasser des Lebens, und Gott wird jede Träne abwischen von ihren Augen.»

Hier wird nun ausdrücklich gesagt, dass die unzählbaren Geretteten «aus der grossen Drangsal» kommen, eben in jener Zeit zum Glauben und zum Heil fanden. Das ist am Artikel «der» erkenntlich, denn dieser verweist darauf, dass von einer anderweitig bekannten Drangsal die Rede ist. Es steht ja nicht «aus grosser Drangsal», also ganz allgemein aus irgend grosser Not. Auf welches *Bekannte* bezieht sich nun der Ausdruck? Mindestens zwei alttestamentliche Propheten sprechen von einer ganz bestimmen Drangsal, und auf die bezieht sich unsere Stelle: Jeremia 30,7 und Daniel 12,1. Sodann spricht auch der Herr in Anlehnung an die Worte Daniels von einer Zeit der Not, die so schlimm sein wird, wie noch nie Not gewesen ist (Matth. 24,21).

Die deutliche Unterscheidung in Gottes Handeln mit seinem alten Bundesvolk Israel und mit den Heidenvölkern ist ein unübersehbarer Hinweis darauf, dass die Gemeindezeit abgeschlossen und mithin die Gemeinde nicht mehr auf der Erde ist; denn für die Gemeindezeit gilt, dass Gott *keinen Unterschied zwischen Juden und Heiden* macht. Wir lesen in Galater 3,28: «Da ist nicht Jude noch Grieche ... denn ihr alle seid *einer* in Christus Jesus.» (Man vergleiche auch Kol. 3,11.)

Kapitel 8

Das siebte Siegel wird geöffnet (8,1–5)

«Und als es das siebente Siegel öffnete, entstand ein Schweigen in dem Himmel bei einer halben Stunde. Und ich sah die sieben Engel, welche vor Gott stehen; und es wurden ihnen sieben Posaunen gegeben. Und ein anderer Engel kam und stellte sich an den Altar, und er hatte ein goldenes Räucherfass; und es wurde ihm viel Räucherwerk gegeben, auf dass er Kraft gebe den Gebeten aller Heiligen auf dem goldenen Altar, der vor dem Throne ist. Und der Rauch des Räucherwerks stieg mit den Gebeten der Heiligen auf aus der Hand des Engels vor Gott. Und der Engel nahm das Räucherfass und füllte es von dem Feuer des Altars und warf es auf die Erde; und es geschahen Stimmen und Donner und Blitze und ein Erdbeben.»

Beim Öffnen des siebten Siegels wird das Buch geöffnet und die Gerichte fallen. Doch zuvor schweigt der Himmel eine halbe Stunde. Es ist stille im Himmel, nichts regt sich; vielleicht ist das ein Hinweis darauf, dass Gott nur zögernd zum Gericht greift. Wir lesen in Psalm 103,8, dass Gott langsam zum Zorn und gross an Güte ist. In Jesaja 28,21 lesen wir die bemerkenswerten Sätze:

«Denn der Herr wird sich aufmachen wie bei dem Berge Perazin, wie im Tale zu Gibeon wird er zürnen: um sein Werk zu tun – *befremdend ist sein Werk*, und um seine Arbeit zu tun – *aussergewöhnlich ist seine Arbeit*.» Dieser Vers macht es nun ganz deutlich, dass Gott *eigentlich* nicht richten will; dass Er nur richtet, weil Er richten muss, weil Sünde Seine Heiligkeit herausfordert. Jeremia sagt: «Nicht von Herzen plagt und betrübt er die Menschenkinder» (Klag. 3,33). Denn Gott ist der Quell des Lebens, und Er ist Liebe. Seine eigentlichen Werke entfalten daher Seine Liebe und Sein Leben. Das wird im Gesicht auch darin bestätigt, dass der Engel vom Feuer – stets ein Bild auf Gericht – des *Altars* nimmt und auf die Erde wirft. Die begleitenden Zeichen sind uns bereits in 4,5 begegnet. Was bedeutet es, dass das Feuer vom *Altar* genommen wird? Am Altar trug das Opfer stellvertretend das Gericht für die Sünde. Jesus Christus trug am Kreuz den Zorn Gottes. Gott richtete *aus Liebe* zum Menschen, weil Er ihn erlösen will – das ist Gottes *eigentliches* Verlangen – die Sünde zuerst in Seinem Sohn. Nur wer sich nicht beim geschlachteten Lamm geborgen hat, wird den Zorn eines gerechten Gottes über die Sünde selbst tragen müssen. Der Gedanke ist erschütternd.

Beachten wir noch, dass das Gericht als *Antwort auf die Gebete der Heiligen* fällt. In der Zeit der Drangsal werden die Glaubenden zum «Gott der Rache» (Psalm 94,1) beten, dass Er doch eingreifen, die Gottlosen richten und sie retten möchte. Ihre Gebete finden sich in zahlreichen Psalmen (54; 55; 56; 57; 58; etc.), die dann wieder ganz in ihrem wörtlichen Sinn gebetet werden.

Das ist im übrigen ein weiterer Beleg dafür, dass die christliche Gemeinde nicht mehr auf der Erde ist, denn diese hat nie die Weisung, um Rache für Verfolger zu beten, sondern im Gegenteil: Der Herr hat uns gelehrt, solche zu segnen, die uns fluchen, denen Gutes zu wünschen, die uns verfolgen (Matth. 5,44). Ähnlich sehen wir auch Stephanus gleich seinem Herrn für seine Peiniger beten: «Herr, rechne ihnen diese Sünde nicht zu!» (Apg. 7,60).

Die ersten vier Posaunen (8,6–13)

«Und die sieben Engel, welche die sieben Posaunen hatten, bereiteten sich, auf dass sie posaunten. Und der erste posaunte: und es kam Hagel und Feuer, mit Blut vermischt, und wurde auf die Erde geworfen. Und der dritte Teil der Erde verbrannte, und der dritte Teil der Bäume verbrannte, und alles grüne Gras verbrannte.»

Was hat es zu bedeuten, dass jeweils Posaunen ertönen, bevor das Gericht fällt? Posaunen künden das Gericht an, das heisst sie warnen. Sie geben ein Signal, das dem Menschen die Gelegenheit gibt, dem Gericht zu entgehen. Denken wir an das Buch Josua: Bevor auch nur ein Schwertstreich im Land Kanaan fällt, lässt Gott sieben Tage lang Posaunen ertönen. Diese kündigen den Bewohnern der Stadt Jericho an, dass die Stadt bald gerichtet werden wird. Im Buch der Offenbarung haben wir eine ganz ähnliche Situation: Der wahre Josua steht im Begriff, die ganze Erde in Besitz zu nehmen. Bevor er aber jeden Widerstand in sich zusammenstürzen lässt, kündigt er durch Posaunen die herannahenden Gerichte an (Zeph. 1,14–16), damit der Mensch sich besinne, sich vor seinem Schöpfer demütige (14,7) und sich bei Ihm als Retter berge, bevor Er richtet (Jes. 27,4+5; Ps. 2,12).

Aber einmal fällt das Gericht doch. Und beachten wir, wie Gott durch Seine Gerichte *redet*. Oder hatten wir nicht gelesen, dass vom Thron Gottes Blitze, Donner und *Stimmen* ausgehen? Der Tor spricht in seinem Herzen: Es ist kein Gott (Ps. 14,1). Er redet sich ein, die mit den Sinnen wahrnehmbare Welt sei die einzige, er lebe in einem geschlossenen System, dessen ihm innewohnenden Kräfte allein für das Leben, die Lebensformen und für die menschliche Existenz verantwortlich seien. Einen jenseitigen Gott will er nicht anerkennen, einen Himmel, eine jenseitige Welt, ein ewiges Leben. Das sei alles «Mumpitz». In seiner Welt will der Mensch König sein, er lässt sich von keinem Gott dreinreden, was er zu tun oder zu lassen habe. Eines Tages aber wird Gott reden, wird der Himmel, die jenseitige Welt, in diese Welt eingreifen.

Die 1. Posaune (8,7)

Und wie wird der Himmel reden? Er wird mit «Hagel und Feuer», Zerstörung und Zorn auf die Weigerung des Menschen antworten, über sich den jenseitigen, den unsichtbaren Gott anzuerkennen. Dabei hatte der Himmel dem Menschen nur Gutes bereitet, hatte ihm nur Gutes geben wollen, wie Er in der Sendung des Sohnes Gottes zum Heil der Welt bewiesen hatte. Der Unglaube verdirbt dem Menschen alles. Anstatt Segen zieht er dem Menschen Fluch herab. Es fällt mit dem Hagel auch Blut auf die Erde. Ausgeflossenes Blut ist das Zeugnis von Tod; nur wenn Blut in den Adern ist, bedeutet es Leben. Wer Gott und Sein Wort hasst, liebt den Tod. Das hatte bereits der weise Salomo gesagt (Spr. 8,36).

Die 2. Posaune (8,8 + 9)

«Und der zweite Engel posaunte: und wie ein grosser mit Feuer brennender Berg wurde ins Meer geworfen; und der dritte Teil des Meeres wurde zu Blut. Und es starb der dritte Teil der Geschöpfe, welche im Meere waren, die Leben hatten, und der dritte Teil der Schiffe wurde zerstört.»

Das Meer wird zu Blut; also wiederum Tod, der diesmal nicht die Erde, sondern den zweiten Lebensraum, das Meer, trifft. Die Schiffe stehen für den Verkehr der Völker untereinander. Dieser wird zum Teil zerstört. Auch abgeschnittene Kommunikation ist eine Form des Todes. Der «mit Feuer brennende Berg» ist ein Bild für eine Grossmacht, die untergeht. Das lernen wir aus Jeremia 51,25, wo das untergehende babylonische Reich mit einem hinabgestürzten verbrannten Berg verglichen wird. Der Psalm 46, der von den tumultartigen Wirren und der Feindschaft der irdischen Könige gegen die Heiligen Gottes spricht, kündigt an, dass «Berge ins Herz des Meeres taumeln» (V. 3). Damit ist gewiss auch gemeint, dass verschiedene Reiche untergehen werden, während andere emporkommen.

Die 3. Posaune (8,10 + 11)

«Und der dritte Engel posaunte: und es fiel vom Himmel ein grosser Stern, brennend wie eine Fackel, und er fiel auf den dritten Teil der Ströme und auf die Wasserquellen. Und der Name des Sternes heisst Wermut; und der dritte Teil der Wasser wurde zu Wermut, und viele Menschen starben von den Wassern, weil sie bitter gemacht waren.»

Nachdem in den beiden ersten Posaunen die *Lebensräume* Erde und Meer befallen worden waren, werden hier die Ströme und Wasserquellen, das sind *Lebensquellen* heimgesucht.

Der vom Himmel gefallene Stern ist ein Bild auf einen Herrscher, der seine Macht verliert, wie uns Jesaja 14,12 zeigt. Der Stern brennt wie eine Fackel. In diesem Buch werden die sieben Geister Gottes mit brennenden Fackeln verglichen (4,5). So geht es bei diesem Stern wohl um eine geistliche Macht. So wie der Heilige Geist die Wahrheit lehrt und erleuchtet, so muss es sich hier um eine geistliche Macht handeln, die Lüge und Finsternis verbreitet, also das Gegenteil. Als Gericht Gottes werden geistliche Mächte der Lüge alle Quellen und Ströme vergiften. Was bisher eine Quelle der Erquickung, des Lebens gewesen ist, wird jetzt zu einer Quelle des Todes, der Zersetzung.

Das lässt sich sehr allgemein anwenden. Nehmen wir als Beispiel die Ehe, das Zusammenleben in der Familie, etwas, das Gott dem Menschen als Hort des Glücks und des Lebens gegeben hat. Von Gott losgelöst wird das, was eine Quelle des Segens wäre, zu einer Quelle des Unheils. Es gibt kaum irgendwo so entsetzliches Leid, man begegnet nirgends so brutaler Knechtung und Quälerei von Menschen, so jeglicher Beschreibung spottender Verhöhnung menschlicher Empfindungen wie in zerstörten Familien.

Oder noch ein Beispiel: Normalerweise müsste ja der Mutterleib eine Quelle des Lebens sein. Heute ist er der mit Abstand häufigste Ort der gewissenlosen Tötung von Leben: Die Wasser sind «bitter» geworden. Anstatt Süssigkeit, Wonne und Freude – und was ist das anderes als Leben –, spenden sie die «Bitterkeit des Todes» (1. Sam. 15,32).

Die 4. Posaune (8,12)

«Und der vierte Engel posaunte: und es wurde geschlagen der dritte Teil der Sonne und der dritte Teil des Mondes und der dritte Teil der Sterne, auf dass der dritte Teil derselben verfinstert würde, und der Tag nicht schiene seinen dritten Teil und die Nacht gleicherweise.»

Hier besteht die Strafe im Entzug des Lichts. Damit treffen die vierte wie bereits die dritte Posaune eine *Lebensquelle*, denn ohne Licht kann kein Leben wachsen und gedeihen. So können wir sagen, dass die Posaunengerichte Schritt für Schritt der Menschheit das Leben entziehen und sie den Mächten und Kräften des Todes preisgeben. Das ist die Antwort des Himmels auf die Verschmähung der Gabe des wahren Lebens (vgl. Joh. 4,10 + 14).

Wenn wir anfangs festhielten, dass Gott langsam zum Zorn und gross an Güte ist, dann wird das an noch einem Detail der vier Posaunen deutlich. Es wird jedesmal nur «der dritte Teil» der Erde oder des Meeres oder der Wasserquellen oder des Lichtes befallen. Im Umfang geht das Gericht also noch nicht bis zum äussersten. So gibt Gott hier deutliche Zeichen Seines Zornes, lässt aber weite Bereiche noch ausgespart, lässt so auch Raum und Zeit zur Busse, bevor die Gerichte allumfassend werden.

Das ist darum auffällig, weil in Kapitel 16 die *letzten* Plagen, die sieben Zornesschalen, beschrieben werden. Dort sind Umfang und Ausmass des Gerichts total. Zudem warnt Gott dort nicht mehr, bevor die Plagen den Menschen treffen. So erkennen wir, wie Gott sich schrittweise auf das Ende zubewegt und durch dieses graduelle Zunehmen der Schwere der Gerichte zum Menschen redet. Wie wir in Kapitel 7,9 + 10 sahen, werden tatsächlich zahllose Menschen in dieser Zeit Gottes Reden vernehmen, umkehren und gerettet werden.

Kapitel 9

Die zwei ersten Wehe

Die drei Wehe werden in 8,13 angekündigt:

«Und ich sah und ich hörte einen Adler fliegen inmitten des Himmels und mit lauter Stimme sagen: Wehe, wehe, wehe denen, die auf der Erde wohnen, wegen der übrigen Stimmen der Posaune der drei Engel, die posaunen werden!»

Es kommt zu einer Verschärfung der Gerichtsplagen, weshalb die nächsten drei Posaunen «Wehe» genannt werden. Die Verschärfung besteht darin, dass die Plagen nicht mehr *die Lebensumstände* des Menschen, sondern *den Menschen selbst* treffen werden. Von den drei Wehen befällt das erste die nichtversiegelten Juden und das zweite die christuslose Christenheit.

Das erste Wehe (9,1–12)

«Und der fünfte Engel posaunte: und ich sah einen Stern, der vom Himmel auf die Erde gefallen war; und es wurde ihm der Schlüssel zum Schlunde des Abgrundes gegeben. Und er öffnete den Schlund des Abgrundes; und ein Rauch stieg auf aus dem Schlunde, wie der Rauch eines grossen Ofens, und die Sonne und die Luft wurde verfinstert von dem Rauche des Schlundes. Und aus dem Rauche kamen Heuschrecken hervor auf die Erde, und es wurde ihnen Gewalt gegeben, wie die Skorpione der Erde Gewalt haben. Und es wurde ihnen gesagt, dass sie nicht beschädigen sollten das Gras der Erde, noch irgend etwas Grünes, noch irgendeinen Baum, sondern die Menschen, welche nicht das Siegel Gottes an ihren Stirnen haben.»

Wen betrifft diese Plage? Nicht alle Menschen, sondern nur jene, die nicht das Siegel Gottes an ihren Stirnen hatten. Damit sind *nichtversiegelte Juden* gemeint. Hier handelt Gott mit dem nichtgläubigen Teil Israels. Wir verstehen auch, warum Gott mit den Juden besonders umgeht, und warum Er sie schwerer straft als andere Menschen. Sie wussten mehr als etwa Buddhisten oder Hindus oder Moslems. Und weil sie mehr wussten, aber nicht danach taten, werden sie schwerer betraft. Das ist ein biblisches Prinzip, wie wir in Lukas 12,47 lesen können. Die Plage besteht darin, dass die Macht des Abgrundes auf sie losgelassen wird. Der Abgrund wird geöffnet und Rauch steigt auf und verfinstert die Luft. Geistliche und sittliche Verfinsterung breiten sich aus. In solcher Atmosphäre gedeihen Mächte, die wie Heuschrecken alles Leben vertilgen, und die wie Skorpione den Menschen plagen können. Das Gift des Skorpions wirkt wie Nervengift, wie ich aus eigener schmerzhafter Erfahrung weiss. Wenn der Mensch von einem Skorpion gestochen worden ist, wird er, solange das Gift wirkt, vollkommen rastlos, er meint wahnsinnig zu werden. Wahnsinn und Rastlosigkeit sind nun genau die von Gott den Juden angekündigte Strafe für ihre Verwerfung der Wahrheit, des Lichts (5. Mose 28,28 + 65). Die Heuschrecken sind gewiss nicht buchstäblich zu verstehen, denn es gibt keine Heuschrecken, die wie Skorpione stechen. Gemeint sind also sicher Dämonen, die die Menschen quälen. Nun hatte der von den Juden verworfene Messias angekündigt, dass ihre Nation von dämonischen Mächten befallen werden würde, weil sie Ihn, ihren Messias und Retter, verwarf (Matth. 12,43–45). Das erfüllt sich hier in der äussersten Form.

«Und es wurde ihnen gegeben, dass sie nicht töteten, sondern dass sie gequält würden fünf Monate; und ihre Qual war wie die Qual eines Skorpions, wenn er einen Menschen schlägt. Und in jenen Tagen werden die Menschen den Tod suchen und werden ihn nicht finden, und werden zu sterben begehren, und der Tod flieht vor ihnen.»

Die Verzweiflung der geplagten Menschen wird so gross sein, dass sie in ihrer bodenlosen Seelenpein zu sterben begehren und es nicht können. Das wird die Verzweiflung ins unerträgliche steigern.

«Und die Gestalten der Heuschrecken waren gleich zum Kampfe gerüsteten Pferden, und auf ihren Köpfen wie Kronen gleich Gold, und ihre Angesichter wie Menschen-Angesichter; und sie hatten Haare wie Weiberhaare, und ihre Zähne waren wie die der Löwen. Und sie hatten Panzer wie eiserne Panzer, und das Geräusch ihrer Flügel war wie das Geräusch von Wagen mit vielen Pferden, die in den Kampf laufen; und sie haben Schwänze gleich Skorpionen und Stacheln, und ihre Gewalt ist in ihren Schwänzen, die Menschen zu beschädigen fünf Monate. Sie haben über sich einen König, den Engel des Abgrundes; sein Name ist auf hebräisch Abaddon, und im Griechischen hat er den Namen Apollyon. Das eine Wehe ist vorüber; siehe, es kommen noch zwei Wehe nach diesen Dingen.»

Diese dämonischen Mächte sind wie zum Kampf gerüstete Pferde, das heisst, sie rennen jeden Widerstand nieder. Sie haben Gesichter wie Menschen. Die von ihnen verbreiteten falschen Lehren werden offenkundig sehr human wirken. Und werden nicht im Namen der Menschlichkeit den Menschen knechtende und am Ende zerstörende Ideologien und Sitten heute immer ausschliesslicher propagiert, etwa die verlogene Ideologie der «freien Liebe»? Die Haare der Heuschrecken machen sie feminin, sanft, attraktiv wie Frauen, ist doch «Frauenhaar» nach 1. Kor. 11,15 der besondere *Schmuck* der Frau. Hinter der so menschlich und anziehend wirkenden Maske aber enthüllt sich das wahre Wesen dieser Mächte: Sie haben Zähne wie Löwen. Wie mancher wird durch so human wirkende Ideologien und anziehende Theorien angelockt, um dadurch in die Fänge des Verderbers zu geraten. Dazu haben diese Mächte eiserne Panzer. Sie sind hart, herzlos, unerbittlich. Die Gewalt ist in den Schwänzen, womit falsche Lehren gemeint sein könnten, was sich aus Jesaja 9,15 ergäbe: «Der Prophet, der Lüge lehrt, er ist der Schwanz.» Auf alle Fälle sind diese Mächte von Satan angeführt, der hier mit dem hebräischen Namen *Abaddon* und dem griechischen Namen *Apollyon* bezeichnet wird. Das hebräische Wort bedeutet «Verderben», das griechische «Verderber».

Das zweite Wehe (9,13–21)

«Und der sechste Engel posaunte: und ich hörte eine Stimme aus den vier Hörnern des goldenen Altars, der vor Gott ist, zu dem sechsten Engel, der die Posaune hatte, sagen: Löse die vier Engel, welche an dem grossen Strome Euphrat gebunden sind. Und die vier Engel wurden gelöst, welche bereitet waren auf Stunde und Tag und Monat und Jahr, auf dass sie den dritten Teil der Menschen töteten. Und die Zahl der Kriegsheere zu Ross war zweimal zehntausend mal zehntausend; ich hörte ihre Zahl.»

Hier scheint es sich um ein Gericht zu handeln, das die ehemals «christlichen» Völker, das ist zur Hauptsache Europa, trifft. Woran lässt sich das erkennen? Zwei Hinweise sind uns gegeben: Wenn das erste Wehe, die abtrünnige Judenheit traf, dann ist es sehr naheliegend, dass ein besonderes Wehe auch die christuslose Christenheit befällt. Von der gilt genauso, dass sie mehr wusste als die nichtchristlichen Völker, häufigere und bessere Gelegenheit hatte, zu glauben und gerettet zu werden, und daher wegen ihres Unglaubens ein «schwereres Gericht» empfangen wird (Mark. 12,40).

Als zweites wird hier vom Euphrat gesprochen. Dieser war die äusserste östliche Grenze des Römischen Reiches. Wenn es nun heisst, von jenseits des Euphrat kommen Heere und richten Verderben an, dann scheint es zu bedeuten, dass dieses Gericht besonders dem *wiedererstandenen Römischen Reich* gilt, und das ist das wiedererstarkte Europa, der kulturelle Erbe Roms.

In der Bibel ist der Euphrat die äusserste Grenze des gelobten Landes (Jos. 1,4). Die symbolische Bedeutung wäre dann die, dass Gott das Volk, das sich zu Recht nach Seinem Namen genannt hat, aber inzwischen vollkommen vom Glauben abgefallen ist, die Christenheit also, grausamen Peinigern preisgibt.

Wenn der Befehl von «den Hörnern des goldenen Altars» ausgeht, dann ist dieses Gericht wiederum Antwort auf Gebet; denn dafür steht der Räucheraltar des Heiligtums. Es sind wiederum die Gebete der bedrängten Heiligen, die Gottes Arm zum Gericht bewegen.

«Und also sah ich die Rosse in dem Gesicht und die auf ihnen sassen, und sie hatten feurige und hyazinthene und schweflichte Panzer; und die Köpfe der Rosse waren wie Löwenköpfe, und aus ihren Mäulern geht Feuer und Rauch und Schwefel hervor. Von diesen drei Plagen wurde der dritte Teil der Menschen getötet, von dem Feuer und dem Rauch und dem Schwefel, die aus ihren Mäulern hervorgehen. Denn die Gewalt dieser Rosse ist in ihrem Maule und in ihren Schwänzen; denn ihre Schwänze sind gleich Schlangen und haben Köpfe, und mit ihnen beschädigen sie.»

Die besondere Plage, die über die Christenheit kommt, wird eher als die seelische und geistige Pein der Judenheit in roher Gewalt und Zerstörung bestehen. Beim ersten Wehe flieht der Tod den Menschen, hier rafft der Tod Milliarden dahin. Das ist ein unvorstellbares Ausmass an Zerstörung. «Feuer, Rauch und Schwefel» sind alle drei Bestandteile der ewigen Pein, der Höllenqual (14,11; 20,10). Es wird also auch mehr als nur körperlicher Tod und leibliche Pein sein. Darauf verweist die Macht, die in den Schwänzen ist, die offenkundig ein Hinweis auf die Macht satanischer Lüge ist; denn «ihre Schwänze sind gleich Schlangen». Paulus hat in 2. Thessalonicher 2 angekündigt, dass in der Christenheit «die Lüge» triumphieren wird, weil man die Liebe zur Wahrheit nicht angenommen hatte, um gerettet zu werden (Verse 10–12).

Und was ist mit den übrigen zwei Dritteln der Menschen?

«Und die übrigen der Menschen, welche durch diese Plagen nicht getötet wurden, taten nicht Busse von den Werken ihrer Hände, dass sie nicht anbeteten die Dämonen und die goldenen und die silbernen und die ehernen und die steinernen und die hölzernen Götzenbilder, die weder sehen noch hören noch wandeln können. Und sie taten nicht Busse von ihren Mordtaten, noch von ihren Zaubereien, noch von ihrer Hurerei, noch von ihren Diebstählen.»

Sie taten nicht Busse. Die ehemals christlichen Nationen werden in der Zeit der Gerichte offensichtlich nicht mehr Busse tun können. Zu lange haben sie die Wahrheit gekannt und doch nicht annehmen wollen. Licht, das verworfen wird, wird zu Finsternis. Es werden wohl sehr viele Menschen noch Busse tun, auch in der Gerichtszeit; aber das wird weniger in den christianisierten als vielmehr in den nichtchristlichen Völkern geschehen.

Man will nicht davon ablassen, die Werke der eigenen Hände, seine kulturellen, technischen, medizinischen Errungenschaften zu bewundern, während man sich weigert anzuerkennen, dass man alles, was man ist und hat, dem ewigen Gott verdankt. Zudem will man nicht davon lassen, seinen Trieben zu dienen: dem Hass, das ist Mord, der Ausschweifung, der Rücksichtslosigkeit und dem Egoismus, das ist Diebstahl. Lüge und Mord, das sind die Charaktereigenschaften Satans (Joh. 8,44), werden am Ende den gegen den Himmel rebellierenden Menschen vollständig dominieren.

Kapitel 10 und 11

Heil inmitten des Gerichts

Wie zwischen das sechste und siebte Siegel hat Johannes einen Abschnitt zwischen die sechste und siebte Posaune eingeschoben. Beide Einschübe zeigen, wie Gott inmitten des Gerichts Seine Absichten des Heils erfüllt.

Kapitel 10

«Und ich sah einen anderen starken Engel aus dem Himmel herniederkommen, bekleidet mit einer Wolke, und der Regenbogen war auf seinem Haupte, und sein Angesicht war wie die Sonne, und seine Füsse wie Feuersäulen; und er hatte in seiner Hand ein geöffnetes Büchlein. Und er stellte seinen rechten Fuss auf das Meer, den linken aber auf die Erde; und er rief mit lauter Stimme, wie ein Löwe brüllt. Und als er rief, redeten die sieben Donner ihre Stimmen. Und als die sieben Donner redeten, wollte ich schreiben; und ich hörte eine Stimme aus dem Himmel sagen: Versiegle, was die sieben Donner geredet haben, und schreibe dieses nicht.»

Es ist bereits das dritte Mal, dass wir in diesem Buch von einem «anderen Engel» (siehe 7,2 und 8,3) lesen. Hier ist damit sicher der Sohn Gottes selbst gemeint. Er wird auch im Alten Testament oft «Engel des Herrn» genannt (1. Mose 22,11; Rcht. 6,11 + 22). Die entsprechenden hebräischen und griechischen Ausdrücke bedeuten ja soviel wie «Bote, Gesandter des Herrn». Er kommt hier, um von Seiner Schöpfung, der Erde und dem Meer, Besitz zu nehmen. Wieder begegnen wir dem Regenbogen wie in Kapitel 4. Es ist das Zeichen der Bundestreue Gottes. Und darum geht es in diesem Kapitel: Gemäss der Verheissung des Bundes erfüllt Er Seine Heilsabsichten mit Israel. Das ist der Grund, warum der Engel ein *geöffnetes* Büchlein in der Hand hat, das einen offenkundigen Gegensatz zum *versiegelten* Buch von Kapitel 5,1 bildet: Es erfüllen sich seit alters bekannte, von Gott offen ausgesprochene Dinge (siehe Apg. 3,21). Es werden dann in Kapitel 11 tatsächlich Dinge beschrieben, die wir aus den alttestamentlichen Propheten, etwa Jesaja, Daniel oder Sacharja, bereits wissen. Sodann ist es ein *Büchlein* (*biblaridion*), nicht wie in 5,1 ein Buch (*biblion*): Der geographische Umfang des darin beschriebenen Geschehens ist gegenüber den Gerichten von Kapitel 6; 8; 9 u. 16 begrenzt: Es geht um Ereignisse in und um Jerusalem, der «Stadt des grossen Königs» (Ps. 48,1).

«Und der Engel, den ich auf dem Meere und auf der Erde stehen sah, erhob seine rechte Hand zum Himmel und schwur bei dem, der da lebt von Ewigkeit zu Ewigkeit, welcher den Himmel erschuf und was in ihm ist, und die Erde und was auf ihr ist, und das Meer und was in ihm ist, dass keine Frist mehr sein wird, sondern in den Tagen der Stimme des siebenten Engels, wenn er posaunen wird, wird auch das Geheimnis Gottes vollendet sein, wie er seinen eigenen Knechten, den Propheten, die frohe Botschaft verkündigt hat.»

Die «frohe Botschaft» ist nun eben die, dass der König kommt, der Himmel und Erde erschaffen hat, um die Erde endlich in Besitz zu nehmen und in Zion zu regieren, Gott zur Ehre und den Menschen zur unaussprechlichen Glückseligkeit. Fester Bestandteil der «frohen Botschaft» ist, dass das Ziel als bereits erreicht vor Augen gestellt wird.

In Kapitel 11 werden wir sehen, dass der Weg dahin durch Anfeindung, Verfolgung und Tod geht. Das kann aber nichts daran ändern, dass die Erlösten am Ziel ankommen. Das ist ein Charakteristikum eben des Evangeliums. Gott hat uns in diesem das Ziel bereits genannt und uns gezeigt, dass wir in einem gewissen Sinn bereits dort sind (Eph. 2,6; Kol. 3,1). Und dann zeigt Er uns, dass unser Weg dahin «durch viele Trübsale» geht (Apg. 14,22). Aber Er sorgt durch Seine Macht (1. Petr. 1,5) dafür, dass wir das Ziel erreichen.

Was ist mit dem «Geheimnis» gemeint? Sicher in besonderer Weise das Geheimnis des Leidens der Gerechten und des Gedeihens der Gottlosen. Ohne göttliche Offenbarung ist es dem Menschen vollkommen unverständlich, warum es überhaupt Böses, warum es Leiden gibt in der Welt, und vor allem, warum das Böse scheinbar stärker ist als das Gute. «Warum lässt Gott es zu?» ist eine der häufigsten gestellten Fragen über Gott und die Welt. Darüber können sich noch so gescheite Menschen den Kopf zerbrechen; ohne Gottes Enthüllung können wir es nicht wissen. Gott hat aber Seinen Knechten, den Propheten das Geheimnis enthüllt (z.B. im Buch Hiob oder im Psalm 73), so dass wir es in der Bibel nachlesen können: Wir wissen dann, woher das Böse einmal kommt; und dann vor allem, dass es nicht immer so bleiben wird, dass das Böse triumphiert, obgleich es gerade in der letzten Zeit unangefochten «überhandnehmen» wird (Matth. 24,12). Wenn der König kommt, wird Er die Gesetzlosen richten und die Gerechten erhöhen (Ps. 75,8). Im Licht ewiger Belohnung beziehungsweise ewiger Bestrafung wird auch offenbar werden, dass Gottes Wege in der Vorsehung entgegen allem Schein vollkommen gerecht waren.

In den folgenden Versen muss der Seher Johannes die Botschaft entgegennehmen, die den Weg beschreibt, der zum herrlichen Ziel führt:

«Und die Stimme, die ich aus dem Himmel hörte, redete wiederum mit mir und sprach: Gehe hin, nimm das geöffnete Büchlein in der Hand des Engels, der auf dem Meere und auf der Erde steht. Und ich ging zu dem Engel und sagte ihm, er möge mir das Büchlein geben. Und er spricht zu mir: Nimm es und iss es auf; und es wird deinen Bauch bitter machen, aber in deinem Munde wird es süss sein wie Honig. Und ich nahm das Büchlein aus der Hand des Engels und ass es auf; und es war in meinem Munde süss wie Honig, und als ich es gegessen hatte, wurde mein Bauch bitter gemacht. Und es wurde mir gesagt: Du musst wiederum weissagen über Völker und Nationen und Sprachen und viele Könige.»

Wie einst Jeremia, «isst» Johannes die Worte Gottes (Jer. 15,16), will sagen: Er nimmt sie auf und macht sie zu einem festen Bestandteil seines Denkens und Trachtens. Weil das Ziel herrlich ist, schmeckt die Botschaft süss. Aber der Weg dahin ist schrecklich, darum bitter, und darum verursacht die Botschaft auch Bauchgrimmen. Es ist herrlich zu wissen: Der König kommt und wird regieren; aber gleichzeitig schmerzt uns der Gedanke, dass viele Menschen sich dem König widersetzen und in schrecklichen Gerichten untergehen. Johannes muss es besonders geschmerzt haben zu sehen, dass der König wohl kommt, um im alten Bundesvolk Israel zu regieren, dass aber ein Grossteil der Israeliten durch Unglauben zugrundegehen wird.

Kapitel 11

Die zwei Zeugen (11,1–13)

«Und es wurde mir ein Rohr, gleich einem Stabe, gegeben und gesagt: Stehe auf und miss den Tempel Gottes und den Altar, und die darin anbeten. Und den Hof, der ausserhalb des Tempels ist, wirf hinaus und miss ihn nicht; denn er ist den Nationen gegeben worden, und sie werden die heilige Stadt zertreten 42 Monate. Und ich werde meinen zwei Zeugen Kraft geben, und sie werden weissagen 1260 Tage, mit Sacktuch bekleidet. Diese sind die zwei Ölbäume und die zwei Leuchter, die vor dem Herrn der Erde stehen. Und wenn jemand sie beschädigen will, so geht Feuer aus ihrem Munde und verzehrt ihre Feinde; und wenn jemand sie beschädigen will, so muss er also getötet werden. Diese haben die Gewalt, den Himmel zu verschliessen, auf dass während ihrer Tage der Weissagung kein Regen falle; und sie haben Gewalt über die Wasser, sie in Blut zu verwandeln, und die Erde zu schlagen mit jeder Plage, so oft wie sie wollen.»

Wir lesen zweimal von einer Zeitangabe: 42 Monate und 1260 Tage. Es sind dies die letzten dreieinhalb Jahre der Weissagung des Endes, welche uns der Prophet Daniel im 9. Kapitel seines Buches gegeben hat:

«Und er wird einen festen Bund mit den vielen schliessen für eine Woche; und zur Hälfte der Woche wird er Speisopfer und Schlachtopfer aufhören lassen, und wegen der Beschirmung der Greuel wird ein Verwüster kommen, und zwar bis Vernichtung und Festbeschlossenes über das Verwüstete ausgegossen werde» (Vers 27).

Die «Woche», die in diesem Vers genannt wird, ist eine sogenannte *Jahrwoche*, dauert also nicht sieben Tage, sondern eben sieben *Jahre*. In der Hälfte dieser siebenjährigen Periode wird mit dem *Gottesdienst* etwas geschehen: Er wird offenkundig so verunreinigt werden, dass Gott sagt, was sich nur äusserlich zum israelitischen Kult hält, also nur im «Vorhof» ist, den Gott Israels aber nicht kennt, nicht an Ihn glaubt und nicht auf Seinen Messias wartet, «hinausgeworfen» werden muss (Vers 2). Der ganze noch äusserlich betriebene Gottesdienst wird dadurch Gott zum Greuel (man vergleiche Jesaja 66,1–4, das eine Schilderung jener Zeit ist), dass der Antichrist sich in den Tempel setzt und sich als Gott verehren lässt (2. Thessalonicher 2,4). Der unreine Geist des Götzendienstes ist am Ende mit siebenfacher Gewalt in das seit der Verwerfung des Messias leergebliebene Haus Israel zurückgekehrt (Matth. 12,43–45). Als Strafe für diesen Frevel wird die Stadt 42 Monate lang von heidnischen Heeren heimgesucht und zertreten werden (Jes. 28,14–19).

Während dieser gleichen Zeit, 1260 Tage nämlich, werden die an den Messias glaubenden und auf Ihn harrenden Juden dessen baldiges Kommen bezeugen. Sie werden die Botschaft auch des zweiten Psalmes, der eben von der letzten, eitlen Rebellion menschlicher

Herrschaft gegen den Himmel handelt (2,1–4) an ihre Zeitgenossen richten; mit Bestimmtheit werden sie verkündigen, dass Gott Seinen Sohn zum Herrscher in Zion ausersehen hat (2,6) und daher warnen:

«Küsset den Sohn, dass er nicht zürne, und ihr umkommt auf dem Weg; denn gar bald wird sein Zorn entbrennen!» (V. 12)

Dieses Zeugnis ist eine offene Herausforderung an den falschen Messias, der sich im Tempel verehren lässt. Er wird dazu nicht schweigen, sondern anfangen, alle, die sich ihm nicht beugen, zu verfolgen und umzubringen (siehe Kapitel 12,13+17 und 13,15). Der Druck, unter dem die Glaubenden ihr Zeugnis aufrecht erhalten, wird so gross sein, dass sie die Tage einzeln zählen (Dan. 12,12+13). Daher wird die Zeitdauer für ihr Zeugnis nicht in Jahren (wie in 12,6) oder in Monaten (wie in 11,2), sondern eben in Tagen angegeben. Aber wir lesen, dass Gott seinen Zeugen «Kraft geben» wird. Das werden sie brauchen; das braucht es auch heute, wenn man gegen die Ambitionen und Ideale des Zeitgeistes den Glauben an Jesus Christus bezeugt.

Gott aber wird dann das Zeugnis durch Zeichen und Wunder, wie sie einst Mose und Elia taten, bestätigen (vgl. Hebr. 2,4). Beachten wir, dass diese Zeichen samt und sonders *zum Gericht*, nicht zum Heil sind. Als der Sohn Gottes auf Erden war, tat Er Zeichen, die mit Ausnahme eines einzigen – die Verfluchung des Feigenbaumes –, stets zum Wohl und zum Heil der Menschen waren. Blinde wurden sehend, Aussätzige gereinigt, Tote auferweckt. Für das Ende spricht die Bibel aber nur von Zeichen, die Gott als Ausdruck Seines Zornes wirkt. Das sollten wir uns gerade bei der Beurteilung der gegenwärtig wieder aufbrechenden Zeichen- und Wundersucht gut merken, dies um so mehr, als die endzeitliche Verführung *durch Zeichen und Wunder* begleitet sein wird (Kapitel 13,3+14; 16,14; Matth. 24,24)

Die in 11,6 genannten Zeichen sind die nämlichen, die Mose und Elia einst taten. Die erste Gerichtsplage, die Gott über Ägypten verhängte, war die Verwandlung von Wasser – der Lebensquelle Ägyptens – in Blut (2. Mose 7), wie denn stets Unglaube Segen in Fluch (Mal. 2,2), Leben in Tod verkehrt. Und Elia betete, worauf Feuer vom Himmel fiel und seine Verfolger verzehrte (2. Kön. 1) und dass der Himmel keinen Regen gab (1. Kön. 17). Es werden sich die Zeichen des Mose und des Elia wiederholen; denn Israel wird sich in einer ähnlichen Lage befinden wie bereits vor Jahrtausenden. Es wird wiederum wie damals von Pharao von einem Tyrannen, der jedem Anspruch Gottes trotzt, beherrscht werden, und Israel wird wie in den Tagen Elias abgefallen sein und den Götzen dienen. Daher wird auch seine Hauptstadt Jerusalem *Sodom*, ein Ort des Götzendienstes und der Greuel, und *Ägypten* (Vers 8), Stätte der Versklavung, genannt.

Gott wird Sein Zeugnis übernatürlich bewahren, bis es erfüllt ist. Als Folge dieses treuen Bekenntnisses werden «viele sich reinigen und weiss machen und läutern; aber die Gottlosen werden gottlos handeln» (Dan. 12,10).

«Und wenn sie ihr Zeugnis vollendet haben werden, so wird das Tier, das aus dem Abgrund heraufsteigt, Krieg mit ihnen führen, und wird sie überwinden und sie töten. Und ihr Leichnam wird auf der Strasse der grossen Stadt liegen, welche geistlicherweise Sodom und Ägypten heisst, wo auch ihr Herr gekreuzigt wurde. Und viele aus den Völkern und Stämmen und Sprachen und Nationen sehen ihren Leichnam drei Tage und einen halben und erlauben nicht, ihre Leichname ins Grab zu legen. Und die auf der Erde wohnen freuen sich über sie und frohlocken und werden einander Geschenke senden, weil diese, die zwei Propheten, die quälten, welche auf der Erde wohnen. Und nach den drei Tagen und einem halben kam der Geist des Lebens aus Gott in sie, und sie standen auf ihren Füssen; und grosse Furcht fiel auf die, welche sie schauten. Und ich hörte eine laute Stimme aus dem Himmel zu ihnen sagen: Steiget hier herauf! Und sie stiegen in den Himmel hinauf in der Wolke, und es schauten sie ihre Feinde. Und in jener Stunde geschah ein grosses Erdbeben, und der zehnte Teil der Stadt fiel, und siebentausend Menschen kamen in dem Erdbeben um; und die übrigen wurden voll Furcht und gaben dem Gott des Himmels Ehre.»

Erst «wenn sie ihr Zeugnis vollendet» haben, lässt Gott es zu, dass das Tier aus dem Abgrund, der Herrscher des wiedererstandenen Römischen Reiches, der sich mit dem in Jerusalem regierenden falschen Messias, dem Antichristen, verbündet haben wird (Jes. 28,15; Dan. 9,27), die Zeugen umbringt. Endlich sind diese das Gewissen der Menschen quälenden Stimmen verstummt; endlich sind diese lästigen Mahner beseitigt, die mit ihrer Gerichtsbotschaft den Optimismus der Zeit nur störten! Der gewissenlose Mord an den Zeugen des Messias wird von den Menschen nicht lediglich stillschweigend hingenommen, sondern mit Beifall bedacht. Der Totalitarismus des letzten menschlichen Grossreiches wird schlimmer sein als alles bisher Dagewesene. Die Greuel der Nationalsozialisten, der Judenmord, wurden vor fünfzig Jahren schweigend hingenommen – und das war schlimm genug –, aber kaum offen bejubelt. Der überwunden geglaubte Totalitarismus wird dann, wenn das Tier aus dem Abgrund steigt, in noch grässlicherer Form wiedererstehen. Selbstverständlich wird das nur möglich sein, weil der entsprechende Nährboden in den Jahrzehnten und Jahren davor durch systematische Gehirnwäsche bereitet worden ist. Wie denn diese Gehirnwäsche vor sich gehe, wollen viele wissen, die in unserer permissiven und liberalen Gesellschaft nichts dergleichen vermuten können. Namentlich durch die Massenmedien mit ihrer – was die antichristliche Sittlichkeit betrifft – weitgehend gleichgeschalteten Botschaft. Wir sehen denn auch heute die erste Generation heranwachsen, die nicht durch die Eltern, sondern durch die Medien erzogen wird. Der Gedanke daran, wofür und wozu sie damit bereitet werden, lässt erschaudern.

Man wird die Glaubenden dann nicht allein umbringen, sondern sie auch noch öffentlich der Schande und dem Hohn ihrer Hasser preisgeben: Die Leichname der beiden Zeugen dürfen nicht beerdigt werden. Man vergleiche damit den prophetischen Psalm 79, wo in den Versen 1–3 das in Offenbarung 11 Geschilderte bereits vorweggenommen wird:

«Gott, die Nationen sind in dein Erbteil gekommen, haben deinen heiligen Tempel verunreinigt, haben Jerusalem zu Trümmerhaufen gemacht, die Leichen deiner Knechte haben sie den Vögeln des Himmels zur Speise gegeben, das Fleisch deiner Frommen den wilden Tieren der Erde. Sie haben ihr Blut wie Wasser vergossen rings um Jerusalem, und *niemand war da, der begrub.*»

Aber dann handelt Gott. Es steht bereits im 1. Buch Samuel: «Die mich ehren, werde ich ehren, und die mich verachten, werden gering geachtet werden» (2,30). Er sorgt dafür, dass Seine treuen Knechte gerade dort öffentlich von Ihm geehrt werden, wo sie um Seinetwillen öffentlich geschändet wurden. Und ihre Feinde müssen das mit eigenen Augen sehen: «Sie stiegen in den Himmel hinauf in der Wolke, und es schauten sie ihre Feinde.» (Man vergleiche Psalm 112,10.) Die Wolke ist der sichtbare Ausdruck der Gegenwart Gottes, wie uns die auf der Stiftshütte ruhende Wolke lehrt (2. Mose 40,34) wie auch die Wolke, in die der Herr aufgenommen wurde, bestätigt (Apg. 1,9). So werden die Feinde der Boten des Kommenden begreifen: Sie sind gleich ihrem Meister in Gottes Gegenwart eingegangen (vgl. Luk. 24,26). Dies, und das göttliche Gerichtszeichen (das Erdbeben), wird viele zur Umkehr bringen.

Die siebente Posaune (11,14–18)

«Das zweite Wehe ist vorüber; siehe, das dritte Wehe kommt bald.

Und der siebente Engel posaunte: und es geschahen laute Stimmen in dem Himmel, welche sprachen: Das Reich der Welt unseres Herrn und seines Christus ist gekommen, und er wird herrschen von Ewigkeit zu Ewigkeit. Und die vierundzwanzig Ältesten, die vor Gott auf ihren Thronen sitzen, fielen auf ihre Angesichter und beteten Gott an und sprachen: Wir danken dir, Herr, Gott, Allmächtiger, der da ist und der da war, dass du angenommen hast deine grosse Macht und angetreten deine Herrschaft! Und die Nationen sind zornig gewesen, und dein Zorn ist gekommen und die Zeit der Toten, um gerichtet zu werden, und den Lohn zu geben deinen Knechten, den Propheten, und den Heiligen und denen, die deinen Namen fürchten, den Kleinen und den Grossen, und die zu verderben, welche die Erde verderben.»

Der Himmel betet angesichts der Ergebnisse der siebten Posaune an; denn diese bringt Gottes Gerichte an ihr Ende und führt die Aufrichtung der Regierung des Messias herbei. Worin besteht denn die siebte Posaune? Sie besteht in den *sieben Zornesschalen*, den letzten Plagen Gottes, die durch diese ausgelöst werden. Davon handelt das Kapitel 16. Der zeitliche Rahmen der Ereignisse zeigt, dass die sieben letzten Schläge Gottes in dichter Folge aufeinander fallen; denn die von Daniel angekündigten sieben letzten Jahre der Geschichte der erwählten Nation sind, wie wir bereits gesehen haben, mit dem abgeschlossenen Zeugnis der beiden Zeugen, nahezu abgelaufen. Es kann sich also nur noch um Wochen handeln. Wir haben einen Hinweis zur noch verbleibenden Dauer im letzten Kapitel des Propheten Daniel:

«Und von der Zeit an, da das beständige Opfer abgeschafft wird
– das geschieht in der Mitte der letzten Jahrwoche, Dan. 9,27 – und
zwar, um den verwüstenden Greuel aufzustellen, sind 1290 Tage»
(12,11). Das sind 30 Tage über das Zeugnis der beiden Zeugen hinaus. Dann heisst es in Daniel 12,12:
«Glückselig der, welcher harrt und 1335 Tage erreicht!» Es
schliessen sich noch weitere 45 Tage an, bis man das Ziel der Glück-
seligen endlich erreicht hat. In den 75 Tagen, die sich damit als Zeit-
spanne zwischen der Ermordung der Zeugen und der Wiederkunft
des Messias ergeben, fallen die letzten Gerichte.

Beachten wir hier den Zusammenhang, der zwischen der Zerstörung der Erde und dem Gericht besteht. Gott hat dem Menschen die Erde zur Verwaltung aufgetragen; er soll sie bebauen
und bewahren. Die Sünde des Menschen lässt ihn in gottvergesse-
ner Ichsucht die Erde aussaugen. Dieser Sünde wegen schlägt
Gott einmal den Lebensraum des Menschen (Ps. 107,33 + 34; Jes.
24,1–6; Hos. 4,1–3) und damit indirekt natürlich auch den Menschen. Im Gericht wird Er ihn der gottlosen Ausbeutung der Erde
wegen schliesslich direkt strafen. Dieser ganze Zusammenhang
wird von Umweltschützern vollständig ausgeklammert; sie machen aus der Schöpfung alles, aus dem Schöpfer nichts, verurteilen Wirtschaftssysteme, beugen sich aber nicht unter ihre eigene
Sünde. Daher sind ihre Programme und Bemühungen eitel, da
götzendienerisch.

Wir sind aber im Kapitel 11 noch nicht am Ende unseres Buches
angelangt. In den nächsten Kapiteln wird der Seher zeitlich wieder
zurückgehen und sich eines ganz besonderen Themas annehmen,
um es ausführlich zu beleuchten. Worum es gehen wird, kündigt
der Vers 19 dieses Kapitels an, der eigentlich der erste Vers des nachfolgenden Kapitels sein sollte.

Israel und der Neue Bund (11,19)

«Und der Tempel Gottes im Himmel wurde geöffnet, und die Lade
seines Bundes wurde in seinem Tempel gesehen; und es geschahen
Blitze und Stimmen und Donner und ein Erdbeben und ein grosser
Hagel.»

Dieser Vers ist der Vorspann zu dem in den Kapiteln 2–14 behandelten Thema, wo uns gezeigt wird, unter welchen Umständen Israel in den Neuen Bund eingehen wird. Darum wird uns die Lade *des Bundes* gezeigt, und nicht etwa die «Lade des Zeugnisses», was ja eine häufige Bezeichnung dafür ist (2. Mose 25,22; Jos. 4,16 etc.). Wenn hier wiederum Blitze, Donner und Stimmen geschehen, dann besagt das einmal mehr, dass göttliche Gerichte Israels Weg in den langersehnten Hafen begleiten werden. Wenn aber die Lade «im Himmel» gesehen wird, dann ist das die Gewähr dafür, dass der Bund gewiss ist. Gegen allen Widerstand werden sich die himmlischen Ratschlüsse mit dem irdischen Gottesvolk Israel erfüllen. Hatte der Herr den Jüngern nicht verheissen, dass wohl Himmel und Erde (das ist die Schöpfung) vergehen mögen, nicht aber Sein Wort und daher auch nicht Sein Volk (Matth. 24,34 + 35)?

Die Lade, die damals *auf der Erde* war und als der Ausdruck der Gegenwart Gottes in Seinem Volk galt (siehe 4. Mose 10,33–36; Ps. 80,2), ging während der babylonischen Gefangenschaft verloren. Der Bund selbst war wie das Unterpfand des Bundes – die Lade – *menschlicher Verantwortung* unterstellt gewesen. Daher musste der Bund in die Brüche, musste die Lade verloren gehen. Die Lade *im Himmel* aber ist vollkommen in Gottes Hand. Der entsprechende Bund ebenso, weshalb er im Gegensatz zum Alten *nie wird gebrochen werden können* (vgl. Jer. 31,31–34).

Kapitel 12

Die Frau und der Drache

«Und ein grosses Zeichen erschien in dem Himmel: Eine Frau, bekleidet mit der Sonne, und der Mond unter ihren Füssen, und auf ihrem Haupte eine Krone von zwölf Sternen. Und sie ist schwanger und schreit in Geburtswehen und in Schmerzen zu gebären.»

Beachten wir, dass Johannes «ein Zeichen» sieht, die Frau ist also ein *Symbol* und nicht eine wirkliche Person. Daher kann die Frau unmöglich die Jungfrau Maria sein, wie es einige meinen. Dann hätte stehen müssen, dass er «im Gesicht eine Frau sah» oder so ähnlich. Was aber bedeutet das «Zeichen»? Es ist, wie so oft im Alten wie im Neuen Testament, ein Bild auf das *Volk Gottes*. Israel wird

Braut (Jer. 2,2) und auch *Ehefrau* des Herrn genannt (Jes. 54,6), als untreues Volk heisst es *Ehebrecherin* (Hes. 16,38), als vom Herrn *Verstossene* schliesslich *Witwe* oder *Vereinsamte* (Jes. 54,1). Das Zeichen wird «im Himmel» gesehen. Das bedeutet, dass hier gezeigt wird, was sich der Himmel für Israel vorgesetzt hat, was Israel nach *Gottes Gedanken* sein soll und einst sein wird. Was sind denn die Absichten Gottes mit dieser Nation? Er will sie *zur höchsten der Nationen* machen (5. Mose 26,19; 28,1+13). Das finden viele empörend, besonders in einer Zeit, da egalitäre Postulate den Rang ewiggültiger, göttlicher Orakel eingenommen haben. Dennoch bleibt Gottes Verheissung für dieses Volk wahr. Er hat es vor allen anderen Völkern ausgesondert (2. Mose 19,5), um es zum Haupt der Nationen zu machen (5. Mose 28,13). Das nämlich bedeutet die Sonne, mit der das Weib bekleidet ist: Israel ist eingekleidet mit höchster Autorität. Der Mond steht für untergeordnete Autoritäten. Diese sind unter den Füssen der Frau. Im Tausendjährigen Reich wird Israel Lehrer, Führer und Haupt über die Nationen sein. Der Kranz von 12 Sternen spricht von der vollkommenen Verwaltung der Erde – die Sterne sind von Gott eingesetzte Autoritäten –, die von Israel ausgehen wird.

Im Bilde der schwangeren Frau, die in Schmerzen schreit, sagt Gott, dass Israel nicht anders als durch Not und Drangsal diese Bestimmung erreichen wird. Die Drangsal ergibt sich aus der Bestimmung dieses Volkes, den Messias zur Welt zu bringen; denn «das Heil ist aus den Juden» (Joh. 4,22). Aus Israel ist «dem Fleische nach der Christus» (Röm. 9,4). Und nur damit hängt die Einzigartigkeit dieses Volkes zusammen. Das ist der Grund, warum Gott sich ein Volk erwählte, um nämlich durch dieses Volk Seinen Messias in die Welt einzuführen. Durch wieviel Leiden musste nicht Gott dieses Volk führen, um es für seine einzigartige Aufgabe zu erziehen, nämlich Stammvater des Messias und Lehrer der Nationen zu sein. Zu letzterem noch eine Frage: Woher wüssten wir, wer Gott ist, was Seine Gedanken sind, wenn nicht durch die israelitischen Propheten und jüdischen Apostel? Also ist Israel tatsächlich Lehrer gewesen; es wird es wieder sein (Jes. 66,19).

«Und es erschien ein anderes Zeichen in dem Himmel: Und siehe, ein grosser feuerroter Drache, welcher sieben Köpfe und zehn Hörner hatte, und auf seinem Köpfen sieben Diademe; und sein

Schwanz zieht den dritten Teil der Sterne des Himmels mit sich fort; und er warf sie auf die Erde. Und der Drache stand vor der Frau, die im Begriff war zu gebären, auf dass er, wenn sie geboren hätte, ihr Kind verschlänge. Und sie gebar einen männlichen Sohn, der alle Nationen weiden soll mit eiserner Rute; und ihr Kind wurde entrückt zu Gott und zu seinem Throne. Und die Frau floh in die Wüste, woselbst sie eine von Gott bereitete Stätte hat, auf dass man sie daselbst ernähre 1260 Tage.»

Das zweite Zeichen im Himmel zeigt uns die Feindschaft Satans gegen die Frau. Der Satan hasst das Volk Israel einzig aus diesem Grund, dass es den Retter und kommenden Herrscher der Welt hervorgebracht hat. Der Drache zieht mit seinem Schwanz den dritten Teil der Sterne auf die Erde herab: Wenn das Tier mit den sieben Köpfen als Satan in Person gesehen wird, dann bedeutet das, dass ein Drittel der Engel von Satan verleitet gefallen ist und ihm folgt und seinen Zwecken dient (vgl. Verse 7 und 9). Da der Drache sieben Köpfe und zehn Hörner hat wie das Tier aus Kapitel 13, können wir das Zeichen auch so verstehen, dass der Satan sich *menschlicher Reiche und Herrscher* bedient hat und bedienen wird in seinem Ansinnen, das Volk Israel und damit den Messias zu vernichten. Dann wären die vom Himmel gefallenen Sterne ähnlich wie in 6,13 menschliche Gewalten. Beides trifft wohl zu.

Alle Versuche, dieses Volk auszurotten, sei es durch den Pharao in Ägypten (2. Mose 1), sei es durch Haman während der Zeit persischer Oberhoheit (das Buch Esther), galten letztlich dem grossen Sohn dieses Volkes, der einst zur Welt kommen sollte. Und weil das Heil aus den Juden gekommen ist, wurde das Volk der Juden auch seither und bis heute gehasst.

Allein, Gottes Ratschlüsse können nicht vereitelt werden: Der Drache kann das Kind nicht verschlingen; es wird zu Gott entrückt. Im Gesicht werden Geburt und Himmelfahrt des Sohnes Gottes zusammengefasst, obwohl wir wissen, dass ein dreissigjähriges Leben, dann Leiden und Sterben des Messias dazwischenlagen. Vom zum Himmel entrückten Kind heisst es, dass es die Völker weiden werde. Die altorientalischen Völker und auch die Griechen nannten mit Vorliebe Könige und Herrscher «Hirten». Das Alte Testament nun sagt, dass der wahre Hirte der Völker der Gott Israels selbst ist, und das ist niemand anders als der menschgewordene Gottessohn.

Von Ihm hat der Prophet Micha in einer Weissagung, die wie unser vorliegende Abschnitt von der Geburt des Herrn bis zu Seiner messianischen Regierung geht, bereits gesagt:

«Und du, Bethlehem ... aus dir wird hervorkommen, der Herrscher über Israel sein soll; und seine Ausgänge sind von der Urzeit, von den Tagen der Ewigkeit her. Darum wird er sie dahingeben, bis zur Zeit, *da eine Gebärende geboren hat*... Und er wird dastehen und *seine Herde weiden* in der Kraft des HERRN, in der Hoheit des Namens des HERRN, seines Gottes. Und sie werden wohnen; denn nun wird er gross sein *bis an die Enden der Erde.* Und dieser wird Friede sein» (Mi. 5,1–4).

Micha übergeht wie Johannes Leben, Leiden und Sterben des Herrn und fasst in einer grossartigen Schau Geburt und kommende Herrschaft des Messias zusammen.

Im nächsten Bild befinden wir uns, die wir in diesen beiden Gesichten an den göttlichen *Ursprung* zurückgeführt und an die von *Anfang* an gegebene Bestimmung Israels erinnert worden sind, wieder am *Ende* der Zeit: Die Frau flieht in die Wüste. Es ist in prophetischen Büchern nichts Aussergewöhnliches, dass in einem Atemzug Dinge genannt werden, die Jahrtausende auseinanderliegen. Ein bekanntes Beispiel dafür ist neben dem bereits genannten auch Sacharja 9,9 + 10. Vers 9 spricht vom ersten Kommen des Herrn, Vers 10 vom zweiten, das rund zweitausend Jahre später erfolgt.

Wenn weiter oben gesagt wurde, die einzigartige Bedeutung Israels und die göttliche Bestimmung Israels lägen darin, dass es den Messias hervorgebracht hat, dann müssen wir in unserem gegenwärtigen Zusammenhang noch folgendes festhalten: *Das ganze Schicksal Israels entscheidet sich an seiner Stellung zu eben diesem Messias.* Glaubt es an Ihn, wird es in den von Gott verordneten Neuen Bund eingeführt; glaubt es nicht an Ihn, geht es in den göttlichen Gerichten unter (Joh. 8,24). Die grosse Entscheidungsfrage wird daher im vorliegenden Abschnitt (Kapitel 12–14) genau die sein: Wem folgt Israel, dem wahren oder dem falschen Messias? Daher denn im Kapitel 13 eben vom falschen Messias, vom Antichristus und seinem Anhang, in Kapitel 14 vom wahren Christus und Seinen Nachfolgern die Rede ist.

Die Zeitangabe in Vers 6 zeigt, dass es sich um die gleiche Zeit handelt, in der die beiden Zeugen in Jerusalem ihr Zeugnis vollenden werden. Interessanterweise wird die Zeit auch hier in Tagen angegeben. Was das für die in Jerusalem verbliebenen Zeugen des kommenden Königs bedeutete, haben wir bereits gesehen. Hier flieht die Frau – gemeint ist wohl ein Grossteil des gläubigen Überrests Israels – vor der Verfolgung, wozu der Herr sie ja auch in Seiner Endzeitrede aufgefordert hatte, und zwar genau zu dem Zeitpunkt, da der Antichrist in der Hälfte der Woche den Gottesdienst verderben und sich selbst als Gegenstand der Anbetung in den Tempel setzen würde (Matth. 24,15–22). Wie gerade Matthäus 24,22 zeigt, wird auch den Flüchtigen die Zeit lang werden. Wie tröstlich zu wissen, dass Gott selbst die Zeit verkürzen wird. Das heisst, dass Er durch Sein Eingreifen dafür sorgen wird, dass die Schreckensherrschaft der beiden Tiere (siehe Off. 13) nicht endlos sein wird (vgl. Ps. 125,3). Jeder Tag ist gezählt, die Zeit des Ausharrens ist genau bemessen (vgl. auch Kapitel 2,10). Auch dafür sorgt «der Gott des Masses» (2. Kor. 10,13).

«Und es entstand ein Kampf in dem Himmel: Michael und seine Engel kämpften mit dem Drachen. Und der Drache kämpfte und seine Engel; und sie siegten nicht ob, auch wurde ihre Stätte nicht mehr in dem Himmel gefunden. Und es wurde geworfen der grosse Drache, die alte Schlange, welcher Teufel und Satan genannt wird, der den ganzen Erdkreis verführt, geworfen wurde er auf die Erde, und seine Engel wurden mit ihm hinabgeworfen. Und ich hörte eine laute Stimme in dem Himmel sagen: Nun ist das Heil und die Macht und das Reich unseres Gottes und die Gewalt seines Christus gekommen; denn hinabgeworfen ist der Verkläger unserer Brüder, der sie Tag und Nacht vor unserem Gott verklagte. Und sie haben ihn überwunden um des Blutes des Lammes und um des Wortes ihres Zeugnisses willen, und sie haben ihr Leben nicht geliebt bis zum Tode! Darum seid fröhlich, ihr Himmel und die ihr in ihnen wohnet! Wehe der Erde und dem Meere! denn der Teufel ist zu euch hinabgekommen und hat grosse Wut, da er weiss, dass er wenig Zeit hat.»

Dieser Blick in den Himmel erklärt, warum der Drache das Kind nicht verschlingen und die Frau nicht vertilgen konnte: Er hätte vorher den Himmel selbst besiegen müssen. Der Satan kann Gottes Ratschlüsse selbstverständlich nicht umwerfen; aber er widersetzt sich dennoch Gottes Willen und Gottes Befehl mit aller Macht: Es entsteht ein Kampf im Himmel, in welchem der Satan mit seinem

Gefolge von gefallenen Engeln gegen Michael und dessen Engel kämpft. Das zeigt, dass der Angriff Satans auf das Volk Gottes in der letzten Absicht der Versuch Satans ist, Gott selbst vom Thron zu stürzen. Ein eitles Unterfangen! Es endet damit, dass der Satan selbst aus dem Himmel gestürzt wird; denn «Wer ist wie Gott?»

Der Name Michael ist gerade in diesem Zusammenhang äusserst vielsagend. Ich zitiere dazu aus der Auslegung, die Emil Dönges vor etwa siebzig Jahren zum Buch der Offenbarung schrieb:

«Als Anführer der Engel Gottes in dem Kampf mit Satan und seinen Engeln sehen wir den Erzengel Michael. Sein Name ist bezeichnend: Er heisst ‹Wer ist wie Gott?› Hatte Satan im Paradies auf Erden den ersten Menschen bei der Verführung vorgelogen: ‹Ihr werdet sein wie Gott›, so tritt ihm hier, wo die erlösten Menschenkinder ins himmlische Paradies eingeführt werden, ein Erzengel entgegen, der da heisst: ‹Wer ist wie Gott?› und wirft ihn hinaus, hinab auf die Erde.» (Dr. Emil Dönges: «Was bald geschehen muss», Seite 163).

Der Fall Satans auf die Erde ist wohl dafür verantwortlich, dass im Tempel der Greuel der Verwüstung aufgestellt wird und dass das Tier, das aus dem Abgrund (11,7) und aus dem (Völker)Meer (13,1) kommt, zur unumschränkten Gewalt aufsteigt. Die «kurze Zeit», die in Vers 12 genannt wird, beträgt 42 Monate (11,2) oder 1260 Tage (Vers 6) oder «eine Zeit, Zeiten und eine halbe Zeit» (Vers 14), das sind dreieinhalb Jahre. Es ist die Zeit der «grossen Wut» Satans. Sie äussert sich in drei Dingen: Er lästert den Himmel, er verfolgt und tötet die Gläubigen, und er knechtet die übrigen Menschen im entwürdigendsten Götzendienst. Davon wird in Kapitel 13 ausführlich die Rede sein.

«Und als der Drache sah, dass er auf die Erde geworfen war, verfolgte er die Frau, welche das männliche Kind geboren hatte. Und es wurden der Frau die zwei Flügel des grossen Adlers gegeben, damit sie in die Wüste fliege, an ihre Stätte, wo sie ernährt wird eine Zeit und Zeiten und eine halbe Zeit, fern von dem Angesicht der Schlange. Und die Schlange warf aus ihrem Munde Wasser, wie einen Strom, hinter der Frau her, damit sie sie mit dem Strom fortrisse. Und die Erde half der Frau, und die Erde tat ihren Mund auf und verschlang den Strom, den der Drache aus seinem Mund warf. Und der Drache wurde zornig über die Frau und ging hin, Krieg zu führen mit den übrigen ihres Samens, welche die Gebote Gottes halten und das Zeugnis Jesu haben.»

Der Frau wurden «die Flügel des grossen Adlers» gegeben, ein Bild, das uns wiederum an die Errettung Israels aus Ägypten erinnert (2. Mose 19,4; 5. Mose 32,10+11), und auch damals zog das Volk «in die Wüste». Aus tödlicher Gefahr und Nachstellung wird Israel gerettet werden: Der Strom, den die Schlange aus dem Mund wirft, ist nichts als hasserfüllte Verfolgung der Gläubigen. Wie bereits der Psalmist gesungen hatte, wird der Herr aber Seine Erlösten befreien und retten:

«Wenn nicht der Herr für uns gewesen wäre, als die Menschen wider uns aufstanden, dann würden sie uns lebendig verschlungen haben, als ihr Zorn gegen uns entbrannte; dann würden uns *die Wasser überflutet* haben, würde *ein Strom* über unsere Seelen gegangen sein; dann würden über unsere Seele gegangen sein *die stolzen Wasser*. Gepriesen sei der Herr, der uns nicht zum Raub gab ihren Zähnen!» (Ps. 124,2–6).

Der Herr wird Menschen verwenden, die «den Strom verschlingen»: Die Gläubigen, die der Herr «die geringsten seiner Brüder» (Matth. 25,40) nennt, werden vor ihren Häschern versteckt und versorgt werden (Matth. 10,39–42; 25,34–40) wie einst die Kundschafter Josuas bei der Hure Rahab. Und wie damals Rahab ihres Glaubens wegen vor dem Untergang verschont wurde (Hebr. 11,31), werden auch dann die Beschützer der Erlösten vom Gericht verschont werden (Matth. 25,34).

Der Zorn des Drachen richtet sich nunmehr gegen die verbliebenen Erlösten, die nicht geflüchtet sind, und das sind u.a. die in Kapitel 11 genannten Zeugen: Sie haben «das Zeugnis Jesu». Sie werden in der Stadt des Antichristen selbst bezeugen, dass *Jesus* – denn *Sein* Zeugnis haben sie ja – *der Mensch Jesus von Nazareth,* der wiederkommende Messias ist. Der Drache führt Krieg gegen solche. Und tatsächlich wird es dem Tier, dem grossen Werkzeug des Zornes Satans, gelingen, viele Heilige zu überwinden und zu töten (11,7; 13,7).

Kapitel 13

Das Tier aus dem Meer und das Tier aus der Erde

Das Tier aus dem Meer:
Das letzte Weltreich und sein Herrscher (13,1–10)

«Und ich stand auf dem Sande des Meeres. Und ich sah aus dem Meere ein Tier aufsteigen, welches zehn Hörner und sieben Köpfe hatte, und auf seinen Hörnern zehn Diademe, und auf seinen Köpfen Namen der Lästerung. Und das Tier, das ich sah, war gleich einem Parder, und seine Füsse wie die eines Bären, und sein Maul wie eines Löwen Maul. Und der Drache gab ihm seine Macht und seinen Thron und grosse Gewalt. Und ich sah einen seiner Köpfe wie zum Tode geschlachtet. Und seine Todeswunde wurde geheilt, und die ganze Erde verwunderte sich über das Tier. Und sie beteten den Drachen an, weil er dem Tiere die Gewalt gab, und sie beteten das Tier an und sagten: Wer ist dem Tiere gleich? Und wer vermag mit ihm zu kämpfen? Und es wurde ihm ein Mund gegeben, der grosse Dinge und Lästerungen redete; und es wurde ihm Gewalt gegeben, zu wirken 42 Monate. Und es öffnete seinen Mund zu Lästerungen wider Gott, seinen Namen zu lästern und seine Hütte und die, welche ihre Hütte in dem Himmel haben. Und es wurde ihm gegeben, mit den Heiligen Krieg zu führen und sie zu überwinden; und es wurde ihm Gewalt gegeben über jeden Stamm und Volk und Sprache und Nation. Und alle, die auf der Erde wohnen, werden es anbeten, ein jeder, dessen Name nicht geschrieben ist in dem Buche des Lebens des geschlachteten Lammes von Grundlegung der Welt an. Wenn jemand ein Ohr hat, so höre er! Wenn jemand in Gefangenschaft führt, so geht er in Gefangenschaft; wenn jemand mit dem Schwerte töten wird, so muss er mit dem Schwerte getötet werden. Hier ist das Ausharren und der Glaube der Heiligen.»

Dieses Kapitel beschreibt uns, was Satan tun wird in seiner Wut wider Gott und in seinem Hass auf den Menschen. Das Regiment, das hier beschrieben wird, ist das Werk von Satans grossem Zorn (12,12), sein letztes, ohnmächtiges Aufbegehren gegen die unabänderlichen Ratschlüsse Gottes. Wenn Gott Sein Reich aus Liebe zum

Menschen aufrichtet, dann der Satan aus Hass und Verachtung des Menschen. Und Gott wird es zulassen, dass am Ende der Zeit für kurze Zeit ein Reich erstehen wird, das nun ganz so sein wird, wie es der ungläubige Mensch in seinem innersten Herzen begehrt hat. Denn dieser hat den Sohn Gottes und dessen Herrschaft von sich gewiesen (Luk. 19,14) und stattdessen das Regiment des Menschenmörders gewählt (Apg. 3,14). Als die Menschen den Sohn Gottes zur Hinrichtung abführten, sagte Er: «Dies ist *eure Stunde und die Gewalt der Finsternis*» (Luk. 22,53). Merken wir, wie der Mensch, wenn er seine Stunde haben will, wenn er sein Geschick in seine eigene Hand nimmt und damit den Schöpfer und Erlöser über sich abweist, der *Gewalt der Finsternis* verfällt? Gott ist freundlich und überlässt den Menschen nicht ungehindert seinen Wünschen, weshalb ein einigermassen erträgliches Zusammenleben in Völkern und Staaten vielerorts noch möglich ist. Am Ende wird nun aber Gott dem Menschen bis auf den Grund das gewähren, was er will. Das Ergebnis ist das in diesem Kapitel beschriebene Terrorregiment, dem keine tausend Thermidor, keine nationalsozialistischen Vernichtungslager und kein stalinistischer Gulag auch nur annähernd gleichkommen. Mord wird regieren und dazu die Lüge (Verse 11–18), die beiden Charakterzüge Satans (Joh. 8,44).

Der Charakter dieses Reiches ist ein doppelter: Es ist wie ein Tier, das anders als der Mensch seinen Blick nie über den Horizont des Geschaffenen erhebt, nicht die Zwiesprache und Gemeinschaft mit seinem Schöpfer begehrt. Das letzte Weltreich wird den Schöpfer radikal leugnen (Vers 6) und aus dem Geschöpf alles machen (Vers 12). Aber das Reich ist bei alledem wie ein *Raub*tier, es wird also mit roher Gewalt, mit Drohung, Zwang und Mord sein Regiment führen (Verse 7 + 15 + 17). Gottlosigkeit und Gewalttat werden wie in den Tagen vor der Flut überhandnehmen (1. Mose 6,11).

Vergleichen wir die Beschreibung dieses Tieres mit den Tieren von Daniel 7, stellen wir fest, dass es alle Wesenszüge der dort genannten in sich vereint: Es ist wie ein Leopard, wie ein Bär und wie ein Löwe. Mithin wird hier ein Reich beschrieben, das wie die Summe aller vorangegangenen Weltreiche ist; es vereint in sich alle sündigen Merkmale der heidnischen Grossreiche. In einem Punkt unterscheidet es sich aber von allen Weltreichen, die je existiert haben: Der *Drache*, nicht Gott, gibt ihm seine Macht und seinen Thron.

Bis heute ist jede Regierung von Gott eingesetzt worden (Röm. 13,1), wenngleich nicht direkt, so doch durch *Seine Zulassung* indirekt. Jede irdische Autorität leitet sie daher von Gott her. Das gilt auch dort, wo die Regenten das nicht anerkennen, was wir sofort einsehen, wenn wir an die Zeit des Paulus denken. Als er den Römerbrief schrieb, war der Kaiserkult bereits in göttliche Verehrung ausgeartet. Dennoch war auch diese Obrigkeit von Gott eingesetzt.

Hier nun hat das Tier sein Mandat nicht von Gott, sondern vom Drachen, seine Legitimation nicht vom Himmel, sondern vom Abgrund.

Erneut stellen wir fest, wie das Reich des Tieres das Gegenteil vom Reich des Menschensohnes ist. Wir erinnern uns, dass der Menschensohn sich weigerte, die Macht über die Welt aus der Hand Satans entgegenzunehmen (Matth. 4,8–10). Er empfing das Reich und die Macht aus der Hand Gottes (Dan. 7,13 + 14; Ps. 2,8), und das hiess über den Weg des Gehorsams, der Erniedrigung, des Kreuzestodes. Wie herrlich ist es, einem solchen Herrn zu dienen, der uns in Leiden und Tod vorangegangen ist. Wie freudig gehorchen wir einem Herrscher, der sich zuerst zu unser aller Diener gemacht hat, und der uns bis zum äussersten (Joh. 13,1) geliebt hat. Wie entsetzlich hingegen, einem grausamen und herzlosen Gewaltherrscher versklavt zu sein, jemandem, dem man nur aus Angst dient, der sein Sklavenheer mit Drohung und Gewalttat gefügig halten muss und dabei einen jeden seiner Knechte abgrundtief verachtet, ja, hasst.

Zum Reich des Tieres gehört, dass ihm «ein Mund gegeben wurde, der grosse Dinge redete». Lüge und Propaganda begründen die Macht des Tieres über die Menschenseelen. Heute stehen bereits alle Mittel bereit, den Menschen zu indoktrinieren. Die Propaganda wird dann nur ein letztes Ziel haben: Gott zu lästern. Das geschieht dadurch, dass – wie im Garten Eden – Gottes Wort geleugnet, Gottes Gebote für nichtig erklärt werden. Kurzum: Eine Indoktrinierung, die sich gegen die Herrschaft des Himmels richtet.

Und schliesslich tötet das Tier die Heiligen. Gottlosigkeit, Gewalttat, Gotteslästerung und Hass auf die Heiligen sind die Merkmale des letzten Weltreiches.

Wer ist das Tier? Und was bedeutet es, dass es aus dem Meer aufsteigt? Wie so oft in diesem Buch gibt uns der Prophet Daniel den

Schlüssel zum Verständnis. Wir lesen in Kapitel 7 seines Buches: «Ich schaute in meinem Gesicht bei der Nacht, und siehe, die vier Winde des Himmels brachen los auf das grosse Meer. Und vier grosse Tiere stiegen aus dem Meere herauf, eines verschieden von dem anderen» (Verse 2 + 3).

Daniel beschreibt *heidnische Reiche*, die nach dem Untergang Jerusalems im sechsten vorchristlichen Jahrhundert entstanden. Daher steigen die Tiere aus dem Meer auf, dem bekannten, von den Propheten verschiedentlich benutzten Bild für die Heidenvölker (Jes. 17,12 + 13 ; Ps. 65,8 + 9). Das Tier aus unserem Kapitel ist mithin ein *Weltreich*, und zwar ein *heidnisches*, das heisst nichtisraelitisches. Von Daniel lernen wir auch, dass das allerletzte Weltreich das gleiche sein wird wie das vierte von ihm beschriebene, und das ist das *Römische* (Kapitel 2,41 + 42; 7,7-11; 9,26). Das Tier, das aus dem Meer steigt, ist folglich *das wiedererstandene Römische Reich*, das am Ende der Tage zur absoluten Weltmacht werden wird. Ob das ganz genau innerhalb der Grenzen des alten *Imperium Romanum* liegen wird, wage ich zu bezweifeln; sicher aber wird es nicht in Asien und nicht in Amerika, sondern in *Europa* erstehen, ist doch Europa eindeutig der kulturelle Erbe Roms. Bemerkenswert ist, wie das seit 1945 geschlagen darniederliegende Europa wirtschaftlich und politisch geeint, sich wieder seiner Sendung und seiner Macht bewusst wird.

Die Wiedererstehung dieses Reiches wird der Welt wie ein Wunder erscheinen, so dass es darob über die Massen erstaunt das Tier und dessen Macht anbeten wird. Offensichtlich werden die Schwierigkeiten, Europa unter einem Dach zu einen, unüberwindlich erscheinen, so dass der Mann, der sie doch überwinden kann, einer dankbaren und verwunderten Menschheit wie ein Genie, ein Held, ein Retter erscheinen wird. Man wird ihn wie einen Gott anbeten.

Und wer das Tier nicht vor lauter Bewunderung freiwillig anbetet, wird es unter dem Druck eines unvorstellbaren Terrors tun – oder er hat sein Leben verwirkt. Es wird Glaubensmut brauchen, sich diesem Regime zu verweigern. Die Versuchung wird gross sein, mit Gewalt auf Gewalt zu antworten. Der Herr sagt daher: «Hier ist die Geduld und das Ausharren der Heiligen»; mit anderen Worten: «Habt Geduld; rächt nicht euch selbst; denn die euch jetzt ins Gefängnis schleppen, werden einst selbst ins ewige Gefängnis geworfen werden, die euch jetzt töten, werden dem zweiten, dem ewigen Tod übergeben werden.»

Das Tier aus der Erde:
Der falsche Messias (13,11–18)

«Und ich sah ein anderes Tier aus der Erde aufsteigen: Und es hatte zwei Hörner gleich einem Lamme, und es redete wie ein Drache. Und die ganze Gewalt des ersten Tieres übt es vor ihm aus, und es macht, dass die Erde und die auf ihr wohnen das erste Tier anbeten, dessen Todeswunde geheilt wurde. Und es tut grosse Zeichen, dass es selbst Feuer vom Himmel auf die Erde herabkommen lässt vor den Menschen; und es verführt die auf der Erde wohnen wegen der Zeichen, welche vor dem Tiere zu tun ihm gegeben wurde, indem es die, welche auf der Erde wohnen, auffordert, ein Bild von dem Tiere zu machen, das die Wunde des Schwertes hat und lebte. Und es wurde ihm gegeben, dem Bilde des Tieres Odem zu geben, auf dass das Bild des Tieres auch redete und bewirkte, dass alle getötet wurden, die das Bild des Tieres nicht anbeteten. Und es bringt alle dahin, die Kleinen und die Grossen, und die Reichen und die Armen, und die Freien und die Knechte, dass sie ein Malzeichen annehmen an ihre rechte Hand oder an ihre Stirn; und dass niemand kaufen oder verkaufen kann, als nur der, welcher das Malzeichen hat, den Namen des Tieres oder die Zahl seines Namens. Hier ist die Weisheit. Wer Verständnis hat, berechne die Zahl des Tieres, denn es ist eines Menschen Zahl; und seine Zahl ist sechshundertsechsundsechzig.»

Das zweite in diesem Kapitel genannte Tier ist der unerlässliche Helfer, der unverzichtbare Verbündete des ersten Tieres. Verkörpert das erste Tier die ökonomische, politische und militärische Kraft, dann dieses zweite die religiöse. Der Mensch als notorisch religiöses Wesen braucht Religion; auch die letzte, Gott und den Himmel offen lästernde Zivilisation wird wie alle vorangegangenen Zivilisationen religiös sein. Den religiösen Bedürfnissen einer ungläubigen Menschheit begegnet nun eben dieses zweite Tier, der *Antichrist*. Das erste Tier steigt aus dem Meer, der Völkerwelt, auf, das zweite aus der Erde, und das ist Israel, eben der Teil der Völkerfamilie, der eine gesonderte Existenz und Berufung hat und daher nicht zum Völkermeer zählt. Aus dem Judentum wird ein grosser religiöser Führer aufsteigen. Der Prophet Daniel hat ihn angekündigt (Dan. 11,36 + 37).

Dieses Tier ist der *eigentliche*, der endzeitliche Antichrist, nachdem schon «viele Antichristen geworden sind» (1. Joh. 2,18). Er sieht aus wie ein Lamm, ahmt also das Lamm Gottes, den Christus Gottes nach. Aber es redet wie ein Drache. Die dem Messias glauben, die Ihm gehören, kennen Seine Stimme und werden daher dem falschen Propheten nicht folgen (Joh. 10,5). Wer aber nicht aus der Wahrheit ist und nicht Seine Stimme hört (Joh. 18,37), wird sich vom betörenden Dunst religiöser Verführung verlocken und ins Verderben ziehen lassen. Sie lassen sich vom zweiten Tier unter die Herrschaft des ersten führen. Die beiden Tiere arbeiten also zusammen. So hat auch der Prophet Jesaja vorhergesagt, dass Israel – angeführt durch den falschen Messias – sich auf ein «Bündnis mit dem Scheol» einlassen werde (28,11). Auch Daniel hat das gesagt (9,27).

Zwei Dinge geben dem falschen Messias Macht über die Menschenseelen: Zeichen und Wunder und Einschüchterung durch angedrohte Todesstrafe. Man beachte, welche Zeichen das Tier tut, um die Menschen zur Anbetung eines Bildnisses zu bewegen; denn dass ausgerechnet die Juden ein Bild anbeten sollten, nachdem sie seit dem babylonischen Exil vor zweieinhalbtausend Jahren vom Götzendienst geheilt sind, hielte man zunächst für vollkommen ausgeschlossen. Wir lesen in Vers 13, dass der falsche Prophet «selbst Feuer vom Himmel auf die Erde herabkommen lässt». *Selbst* Feuer, das ist bedeutungsvoll; denn genau das war einmal in der Geschichte der erwählten Nation *das Zeichen des wahren Propheten*. In 1. Könige 18 stehen einander Elia, der Prophet des Gottes Israels und die Diener des Baal gegenüber. Beide rufen ihren Gott an, und «der Gott, der mit Feuer antworten wird, ist der wahre Gott» (Vers 24). Als nun der Herr auf Elias Gebet hin Feuer auf das Brandopfer herabfallen liess, fiel alles Volk nieder und bekannte: «Der HERR ist Gott!» (Vers 39).

Wenn nun am Ende der Zeit jener vomMessias selbst Angekündigte «in seinem eigenen Namen» (Joh. 5,43), das heisst ohne Gottes Auftrag und Sendung, kommt und ausgerechnet jenes Zeichen tut, das den Propheten Jahwes legitimierte, dann begreifen wir, dass sehr viele Juden sich durch das Zeichen blenden lassen.

Sie können sich sogar auf die Bibel berufen und sagen: «Damals geschah dieses Zeichen, und es war von Gott; heute geschieht es, und es muss von Gott sein.»

Und dann das zweite Zeichen, das die Verführung besiegelt: Der falsche Prophet gibt dem Bilde *Odem,* so dass es redet. Nun aber galt für den Juden als unumstössliche Wahrheit, dass die Götzen der Heiden stumm sind, dass nur der Gott Israels der lebendige Gott sei, der zu Seinem Volk geredet habe. So sagt der Psalmist: «Unser Gott ist in den Himmeln; alles, was ihm wohlgefällt, tut er. Ihre Götzen aber sind Silber und Gold, ein Werk von Menschenhänden. Einen Mund haben sie *und reden nicht* ... keinen Laut geben sie mit ihrer Kehle» (115,3 + 5 + 7). Und: «Die Götzen der Nationen sind Silber und Gold ... auch ist *kein Odem* in ihrem Munde» (135,17).

Wiederum wird sich der Jude auf die Bibel berufen und behaupten können: «In diesem Fall ist das kein Götze, sondern eben doch ein Bild Gottes selbst; denn es redet ja, was die Götzen definitionsgemäss nicht können; und es *hat* Odem, was Götzen gemäss der Bibel nie hatten.»

Wie soll sich der Mensch angesichts solcher Zeichen vor Verführung schützen? Es ist ja so, als ob Gott in heimtückischer Weise Dinge geschehen liesse, die den Menschen geradezu zwangsläufig in die Irre leiten müssen. Wie kann denn Gott so etwas zulassen? Wir finden die Erklärung in 2. Thessalonicher 2,9–12:

«Ihn dessen Ankunft nach der Wirksamkeit des Satans in aller Macht und allen *Zeichen und Wundern der Lüge* und in allem Betrug der Ungerechtigkeit denen, die verloren gehen, darum dass sie die Liebe zur Wahrheit nicht annahmen, damit sie errettet würden. Deshalb sendet ihnen Gott *eine wirksame Kraft des Irrwahns,* dass sie *der Lüge glauben,* auf dass alle gerichtet werden, die der Wahrheit nicht geglaubt, sondern Wohlgefallen gefunden haben an der Ungerechtigkeit.»

Die Zeichen und Wunder des Tieres sind ein Gericht Gottes über jahrhundert-, ja, jahrtausendealten Unglauben, über die Weigerung, an den Sohn Gottes zu glauben. Weil die Menschen nicht glauben wollten, gibt sie Gott der auswegslosen Verblendung preis. Das geschieht nicht ohne eine entsprechende Vorgeschichte. Aber dann sendet *Gott* diese Irrtümer. Wie unsagbar ernst ist das!

Gott hat in Seinem Wort Sein Volk bereits im Alten Testament darauf vorbereitet, dass Er im Laufe ihrer Geschichte falsche Propheten mit Zeichen und Wundern der Verführung senden würde. Daran würde immer wieder offenbar werden, ob das Volk Gottes Gott und Sein Wort liebe oder nicht. Liebt es Ihn nicht, liebt es die Wahrheit nicht, würde es verführt werden (5. Mose 13,1–3). Das ist auch heute so. Wir leben zwar noch nicht in der Zeit der grossen Drangsal, aber bereits in unserer Zeit treten immer mehr Menschen im Namen Christi auf, gehen in der christlichen Kirche ein und aus, tun Zeichen und Wunder, und Gott lässt es zu. Wer nun nicht Gott und Seinem Wort allein vertraut – ist Vertrauen etwas anderes als ein Ausdruck der Liebe? –, der wird sich von ihren Zeichen betören und verführen lassen.

Der Mensch soll in ein den Menschen vollständig knechtendes System integriert werden. Wie wird diese totale Integration erreicht? Interessanter- aber auch bezeichnenderweise durch *Religion*. Es gibt offenkundig nichts, das den Menschen so knechtet, entwürdigt und willfährig macht wie Religion. Diese ist das Mittel, das das zweite Tier benutzt, um den Menschen zum totalen Sklaven seiner wirtschaftlichen Bedürfnisse zu machen. Nur wer dem Tier die Anbetung verweigert, bleibt davor bewahrt, freilich um einen hohen Preis: den Ausschluss vom wirtschaftlichen System.

Religion ist Perversion göttlicher Offenbarung. Das wird gerade an der Methode, deren sich das zweite Tier zur totalen Integration bedient, sehr deutlich: Wer teilhaben will an Kaufen und Verkaufen – wer also weiterhin den Glanz und den Tand der Warenhäuser und Supermärkte geniessen will –, muss sich an Hand oder Stirn das Malzeichen des Tieres aufdrücken lassen. Das ist dem Wort Gottes abgeguckt; denn wir lesen in 5. Mose 6: «Du sollst den Herrn, deinen Gott lieben ... und diese Worte, die ich dir heute gebiete, sollen auf deinem Herzen sein... Und du sollst sie zum *Zeichen auf deine Hand* binden, und sie sollen zu *Stirnbändern sein zwischen deinen Augen*» (Verse 5+6+8).

Etwas, das Gott gewiesen hat, kopiert und pervertiert der Feind Gottes. Wir lernen aus dieser Sache nun folgendes: Wenn nicht Gottes Wort und Seine darin geoffenbarten Gedanken unsere Hand und unseren Blick lenken, wird es die Sünde und am Ende der Antichrist tun. Dienen wir nicht Gott aus Liebe und Dankbarkeit, werden wir am Ende zu Knechten Satans. Sind wir nicht von Gottes Wort geprägt, wird am Ende unser Handeln und Denken vom Tier geprägt sein. Der in der Endzeit in seiner Sünde voll ausgereifte Mensch wird ein getreues Abbild Satans, wird gleich dem Antichristen auch ein «Mensch der Sünde» sein (2. Thess. 2,3). Genau das sagt der letzte Vers des Kapitels: die Zahl des Tieres ist auch eines *Menschen* Zahl. Der Mensch ist dem Tiere gleich geworden. Wie entsetzlich ist das! Unser einziger Schutz davor ist das Wort Gottes, das unser ganzes Handeln und Sinnen erfüllt.

Kapitel 14

Gottes Erbarmen inmitten des Zornes

Das Kapitel 13 hat uns jenes Regiment beschrieben, das eine Frucht des Zornes Satans ist, eine Herrschaft, der sich niemand scheint entziehen zu können. Aber das Kapitel 14 zeigt uns, dass während dieser gleichen Zeit dennoch Gott wirkt. Wir herrlich ist es, das immer wieder bestätigt zu sehen: Dort, wo die Sünde überströmend ist, ist die Gnade noch mächtiger (Röm. 5,20). Gott wirkt auch in dieser allerfinstersten Zeit der Willkür Satans und der Sünde des Menschen. Er redet zu den Menschen, warnt sie, ruft sie zur Busse, tröstet und bewahrt die Glaubenden. Das wird uns in Kapitel 14 in verschiedenen Gesichten in sieben Abschnitten gezeigt.

Das Lamm und die Seinen auf dem Berg Zion
(14,1–5)
«Und ich sah: Und siehe, das Lamm stand auf dem Berge Zion und mit ihm hundertvierundvierzigtausend, welche seinen Namen und den Namen seines Vaters an ihren Stirnen geschrieben trugen. Und ich hörte eine Stimme aus dem Himmel wie das Rauschen vieler Wasser und wie das Rollen eines lauten Donners; und die Stimme, welche ich hörte, war wie von Harfensängern, die auf ihren Harfen spielen. Und sie singen ein neues Lied vor dem Throne und vor den vier lebendigen Wesen und den Ältesten; und niemand konnte das Lied lernen als nur die hundertvierundvierzigtausend, die von der

Erde erkauft waren. Diese sind es, die sich mit Frauen nicht befleckt haben, denn sie sind Jungfrauen; diese sind es, die dem Lamme folgen, wohin irgend es geht. Diese sind aus den Menschen erkauft worden als Erstlinge Gott und dem Lamme. Und in ihrem Munde wurde kein Falsch gefunden; denn sie sind tadellos.»

Dieser Abschnitt bildet einen Gegensatz zum düsteren Bild des vorhergehenden Kapitels. Hier sehen wir das Lamm – nicht ein Tier, das nur aussieht wie ein Lamm. Ihm folgen Seine Erlösten. Es sind solche, die nicht den Namen des Tieres, sondern den Namen des Lammes und Seines Vaters an ihren Stirnen haben. Dort, wo das Tier in aller Öffentlichkeit Gott lästert, beten diese Gott an; und während sich alle Welt dem Götzendienst, das ist der geistlichen Hurerei, ergeben hat, haben diese sich von jeglicher Hurerei, das ist eben vom Götzendienst, reingehalten. Und schliesslich sind sie nicht von «der Lüge» (2. Thess. 2,9 + 11), sondern vom Wort der Wahrheit geprägt: In ihrem Mund ist kein Falsch.

Ruf zur Umkehr (14,6 + 7)

«Und ich sah einen anderen Engel inmitten des Himmels fliegen, der das ewige Evangelium hatte, um es denen zu verkündigen, die auf der Erde ansässig sind, und jeder Nation und Stamm und Sprache und Volk, indem er mit lauter Stimme sprach: Fürchtet Gott und gebt ihm die Ehre, denn die Stunde seines Gerichts ist gekommen; und betet den an, der den Himmel gemacht hat und die Erde und das Meer und die Wasserquellen.»

Während das Tier, wie wir in 13,7 lasen, Gewalt ausübt über «jeden Stamm und Volk und Sprache und Nation», sorgt Gott dafür, dass sein ewiges Evangelium an «jede Nation und Stamm und Sprache und Volk» verkündet wird. Der Engel ist hier natürlich nicht ein Engelwesen; denn Gott hat es dem Menschen und sonst niemandem vorbehalten, das Evangelium zu verkündigen. Im Gesicht wird ein «Engel», das ist wörtlich «ein Bote» gesehen. Das heisst ganz einfach, dass Gott durch menschliche Boten auf der Erde zu Busse und Umkehr aufrufen wird; während das Tier Gott lästert, sagen sie: «Fürchtet Gott!»; und während es mit seinem grossen Maul, seinem weltumspannenden Propaganda-Apparat, verbreiten lässt: «Es gibt keinen Gott, keinen Schöpfer» (Ps. 14,1), fordern die Boten des Herrn die Menschen auf, den Schöpfer zu ehren.

Das Ende Babylons angekündigt (14,8)

«Und ein anderer Engel folgte und sprach: Gefallen, gefallen ist Babylon, die grosse, die mit dem Weine der Wut ihrer Hurerei alle Nationen getränkt hat.»

Hier wird Babylon erstmals genannt; wer und was damit gemeint ist, wird erst in den Kapiteln 17 und 18 erläutert. So viel lernen wir aus diesem kurzen Abschnitt: In Zeiten religiöser Verführung – denn das verkörpert Babylon – sorgt Gott dafür, dass die Menschen vor eben dieser Verführung gewarnt werden. Das geschieht dadurch, dass seine Boten ankündigen, dieses ganze prachtvolle, sich mit Pomp umgebende arrogante religiöse System werde im Gericht Gottes untergehen. Man lasse sich darum nicht blenden und werfe sich der «grossen Hure» (17,5) nicht in die Arme!

Warnung vor der Anbetung des Tieres (14,9–12)

«Und ein anderer, dritter Engel folgte ihnen und sprach mit lauter Stimme: Wenn jemand das Tier und sein Bild anbetet und ein Malzeichen annimmt an seine Stirn oder an seine Hand, so wird auch er trinken von dem Weine des Grimmes Gottes, der unvermischt in dem Kelche seines Zornes bereitet ist; und er wird mit Feuer und Schwefel gequält werden vor den heiligen Engeln und vor dem Lamme. Und der Rauch ihrer Qual steigt auf von Ewigkeit zu Ewigkeit; und sie haben keine Ruhe Tag und Nacht, die das Tier und sein Bild anbeten, und wenn jemand das Malzeichen seines Namens annimmt. Hier ist das Ausharren der Heiligen, welche die Gebote Gottes halten und den Glauben Jesu.»

Die Menschen werden davor gewarnt, das Tier anzubeten. Wenn wir uns im letzten Kapitel fragten, wie denn Gott es zulassen könne, dass solch tückische Verführung geschieht, dann verstehen wir aus diesen Versen, dass Gott gleichzeitig durch treue Zeugen auch die Wahrheit verkünden wird. Er lässt sich in Seiner Gnade trotz allem nicht unbezeugt. Die Warnung vor der Anbetung des Tieres ist natürlich gleichzeitig eine Verurteilung des Tieres: «Es ist trotz Zeichen und Wundern nicht Gott. Betet es nicht an! Und lasst euch durch den wirtschaftlichen Druck nicht dazu verleiten, das Malzeichen des Tieres anzunehmen!» Es ist besser, im Glauben an das Kommen Jesu auszuharren und Mangel zu leiden als wie ein Esau seine momentanen Gelüste zu stillen und dafür die Ewigkeit zu verlieren.

Trost für die Verfolgten (14,13)

«Und ich hörte eine Stimme aus dem Himmel sagen: Schreibe: Glückselig die Toten, die im Herrn sterben, von nun an! Ja, spricht der Geist, auf dass sie ruhen von ihren Arbeiten, denn ihre Werke folgen ihnen nach.»

Hier wird eine Verheissung an solche gegeben, die versucht sein werden, angesichts der Todesdrohung (vgl. 13,15) nachzugeben. Der Herr erinnert sie daran, dass es besser ist, hier verfolgt und gejagt, also rastlos zu sein, um dann in Ewigkeit zu «ruhen von den Arbeiten», als hier vor den Verfolgern Ruhe zu haben, um dafür in alle Ewigkeit Tag und Nacht keine Ruhe mehr zu finden (siehe Vers 11).

Die Ernte der Erde:
Die Glaubenden werden gerettet (14,14–16)

«Und ich sah: Und siehe, eine weisse Wolke, und auf der Wolke sass einer gleich dem Sohne des Menschen, welcher auf seinem Haupte eine goldene Krone und in seiner Hand eine scharfe Sichel hatte. Und ein anderer Engel kam aus dem Tempel hervor und rief dem, der auf der Wolke sass, mit lauter Stimme zu: Schicke deine Sichel und ernte; denn die Stunde des Erntens ist gekommen, denn die Ernte der Erde ist überreif geworden. Und der auf der Wolke sass legte seine Sichel an die Erde, und die Erde wurde geerntet.»

Bei der Ernte der Erde werden die Glaubenden von den Ungläubigen geschieden. Der Menschensohn wird die Menschen wie Getreide worfeln, um die Spreu vom Weizen zu scheiden. Der Weizen das sind die Glaubenden – werden in die Scheune des Messias gesammelt werden; die Spreu – das sind die Nichtglaubenden: Sie besitzen lediglich eine leere Hülle formaler Religion, aber kein Leben aus Gott –, werden mit Feuer verbrannt werden (Ps. 1,4; Matth. 3,12; Joel 3,13).

Die Kelter wird getreten:
Die Ungläubigen werden gerichtet (14,17–20)

«Und ein anderer Engel kam aus dem Tempel hervor, der in dem Himmel ist, und auch er hatte eine scharfe Sichel. Und ein anderer Engel, der Gewalt über das Feuer hatte, kam aus dem Altar hervor, und er rief dem, der die scharfe Sichel hatte, mit lautem Schrei zu und sprach: Schicke deine scharfe Sichel und lies die Trauben des Weinstocks der Erde, denn seine Beeren sind reif geworden. Und der Engel legte seine Sichel an die Erde und las die Trauben des Weinstocks der Erde und warf sie in die grosse Kelter des Grimmes Gottes. Und die Kelter wurde ausserhalb der Stadt getreten, und Blut ging aus der Kelter hervor bis an die Gebisse der Pferde, tausendsechshundert Stadien weit.»

Die Kelter des Zornes Gottes ist das Gericht über die Lebendigen (vgl. 2. Tim. 4,1). Daher ruft ein Engel, «der Gewalt über das Feuer hatte», zum Handeln auf. Feuer spricht vom Zorn Gottes (Hebr. 10,31; 12,29). Es ist der Menschensohn, der die Kelter tritt (Jes. 63,3). Das Blut, das aus der Kelter herausfliesst, spricht vom Tod derer, die sich – vom Tier angeführt – wider das Lamm erheben, um dann von Ihm bei Seinem Kommen gerichtet zu werden (Kapitel 19,19–21).

Wenn es nun heisst, dass das Blut «bis an die Gebisse der Pferde, 1600 Stadien weit» fliessen werde, wird wieder einmal deutlich, dass wir ein Bild vor uns haben, das wir entsprechend übersetzen müssen; denn solche Mengen Blutes gibt es nicht. 1600 Stadien sind knapp 300 km, das entspricht gerade der Nord-Süd-Erstreckung Palästinas. So will dieses Bild doch wohl sagen, dass Gott jene Bitte in furchtbarer Konsequenz erfüllen wird, die die Juden einst an Pilatus gerichtet hatten: «Sein Blut komme über uns und unsere Kinder» (Matth. 27,25). Wenn wir dazu noch 4. Mose 35,33 lesen, wird ein Zusammenhang offenkundig:

«Und ihr sollt das Land nicht entweihen, in welchem ihr seid; denn das Blut, das entweiht das Land; und für das Land kann keine Sühnung getan werden wegen des Blutes, das darin vergossen worden ist, ausser durch das Blut dessen, der es vergossen hat.»

Gott richtet das Volk, das einst in Palästina den Messias verworfen und das Land durch das Blut des Sohnes Gottes entweiht hat, in eben diesem Land. Gott führt darum das Volk der Juden in ihr Land zurück, um es dort in der schrecklichen «Drangsal Jakobs» (Jer. 30,7) teils zu läutern (Dan. 12,10; Sach. 13,9; Mal. 3,2+3), aber grösstenteils zu richten.

Das Gesagte gilt dem Grundsatz nach für alle Menschen; und so will dieses Gesicht auch sagen: Gott richtet den Menschen darum, weil er den Sohn Gottes verworfen hat. Weil er damit das Leben von sich gewiesen hat, wird er dem Gericht des Todes preisgegeben. Das Blut Jesu Christi, das den Glaubenden reinigt, klebt als Mörderblut an den Händen des Ungläubigen und klagt ihn vor Gott an.

Das Kapitel 14 hat uns in sieben Gesichten gezeigt, was *Gott* tut, während das Tier und sein Prophet ihr Terrorregime auf der Erde führen: Er rettet, Er lässt Seine Botschaft des Heils an alle Welt verkünden, Er ruft zur Busse und warnt vor den Folgen der Verehrung des Tieres, Er tröstet die bedrängten Gläubigen, Er rettet sie schliesslich aus der Hand ihrer Bedränger, indem Er gleichzeitig diese richtet. Das Letztgenannte geschieht selbstverständlich bei Seinem Kommen. Damit hat uns der grössere zusammenhängende Abschnitt der Kapitel 12–14 einmal mehr bis an das Ende der Gerichte und bis zur Wiederkunft des Messias gebracht. In den nächsten Kapiteln werden wir erneut zeitlich zurückgehen.

Kapitel 15

Die sieben Schalen vollenden Gottes Zorn

Das Ergebnis der sieben letzten Plagen (15,1–4)

«Und ich sah ein anderes Zeichen in dem Himmel, gross und wunderbar: Sieben Engel, welche sieben Plagen hatten, die letzten; denn in ihnen ist der Grimm Gottes vollendet.»

Mit dem Kapitel 15 nehmen wir den Faden wieder auf, den wir in Kapitel 11,15 liegengelassen hatten. Dort lasen wir von der 7. Posaune, welche die im folgenden beschriebenen sieben Schalen auslöst. Dazwischen war als grosser Einschub die Frage behandelt worden: Was geschieht mit Israel, dem alten Bundesvolk? Wie führt Gott es Seinen Verheissungen gemäss ans Ziel? Woran entscheidet sich sein Schicksal?

Beachten wir, wie der ganze Einschub mit dem Satz: «Ein grosses Zeichen erschien in dem Himmel» anhebt (12,1). Wenn nun die beiden Kapitel, die über die Zornesschalen berichten, mit «einem anderen Zeichen im Himmel» beginnen, dann werden wir natürlich eingeladen, uns zu fragen, was der Seher damit sagen will. Ich meine dies: Das Zeichen im Himmel von Kapitel 12 leitet die Darlegungen über das Ergehen Israels in der Drangsalszeit ein; das «andere

Zeichen im Himmel» leitet dann entsprechend Darlegungen über das Ergehen der übrigen Menschheit ein.

Bevor nun die Handlung weitergeht und die sieben Schalen beschrieben werden, zeigt uns das vorliegende Kapitel, was diese *für Gott* und für die Erlösten *im Himmel* bedeuten. In Kapitel 16 werden wir sehen, wie die Schalen *auf der Erde* erlebt werden.

«Und ich sah wie ein gläsernes Meer, mit Feuer gemischt, und die Überwinder über das Tier und über sein Bild und über die Zahl seines Namens an dem gläsernen Meere stehen, und sie hatten Harfen Gottes. Und sie singen das Lied Moses, des Knechtes Gottes, und das Lied des Lammes, und sagen: Gross und wunderbar sind deine Werke, Herr, Gott, Allmächtiger! gerecht und wahrhaftig deine Wege, o König der Nationen! Wer sollte nicht dich, Herr, fürchten und deinen Namen verherrlichen? denn du allein bist heilig; denn alle Nationen werden kommen und vor dir anbeten, denn deine gerechten Taten sind offenbar geworden.»

In den Versen 2–4 wird uns erneut deutlich, dass die Gerichte kein Selbstzweck sind; «denn nicht von Herzen plagt Gott die Menschenkinder» (Klag. 3,33). Die Plagen führen dazu, dass die Nationen kommen und vor Gott anbeten (Vers 4). Das ist Gottes Absicht mit den Gerichten. Beachten wir, dass bei den Schalen – wie bereits gesagt – Gottes Handeln mit den *Nationen* im Mittelpunkt stehen wird. Als Folge der Gerichte, die diese treffen werden, kommen sie und beten an. Gott richtet, *um sich zu offenbaren.* Das lesen wir unter anderem auch in Psalm 9: «Der Herr ist *bekannt geworden.* Er hat Gericht ausgeübt» (Vers 16).

Es werden hier «Überwinder» genannt; das sind an Christus Gläubige (Röm. 8,37), die durch Ihn allen Verfolgungen und Nöten zum Trotz hindurchgetragen werden (Röm. 8,35 + 36). Es wird auch in der Drangsalszeit so sein, dass einzig der Glaube an den Christus Gottes die Menschen zum Ausharren befähigen wird. Die Überwinder bewähren sich gegenüber drei verschiedenen Äusserungen der Macht Satans; sie haben *das Tier, sein Bild, und seine Zahl* überwunden. Das *Tier*: Sie haben die rohe Gewalt und Todesdrohung dieses Schreckensregiments überwunden; *sein Bild*: Sie haben den Sirenenklängen religiöser Umnebelung widerstanden; die *Zahl*: Sie haben sich nicht dazu verleiten lassen, ihre Seele um die Teilhabe am wirtschaftlichen Wohlstand jener Zeit zu verkaufen.

In der Weise überwinden können sie natürlich nur durch den Sohn Gottes selbst. Das ist jetzt so, das wird auch dann der Fall sein. Und wer überwunden hat, kann «das Lied Moses, des Knechtes Gottes» singen. Das ist das Lied der Befreiung von der Schreckensherrschaft und der Sklaverei des Pharao (2. Mose 15). Wie laut wird der Jubel derer sein, die aus unvergleichlich schlimmerer Not herausgerettet worden sind!

Die Ursache der Zornesschalen (15,5–8)

«Nach diesem sah ich; und der Tempel der Hütte des Zeugnisses in dem Himmel wurde geöffnet. Und die sieben Engel, welche die sieben Plagen hatten, kamen aus dem Tempel hervor, angetan mit reiner, glänzender Leinwand und um die Brust gegürtet mit goldenen Gürteln. Und eines der vier lebendigen Wesen gab den sieben Engeln sieben goldene Schalen, voll des Grimmes Gottes, der da lebt von Ewigkeit zu Ewigkeit. Und der Tempel Gottes wurde mit Rauch gefüllt von der Herrlichkeit Gottes und von seiner Macht; und niemand konnte in den Tempel eintreten, bis die sieben Plagen der sieben Engel vollendet waren.»

Die Engel mit den sieben Schalen kommen aus dem Tempel hervor. Der Tempel war einst der Wohnort der Herrlichkeit Gottes (Ps. 26,8). Dort hatte sich einst Gott in Gericht und Gnade dem sündigen Menschen als ein rettender Gott geoffenbart. Er hatte ihm im Opfer gezeigt, dass ein heiliger Gott Sünde richten muss, und dass ein gnädiger Gott durch das stellvertretende Opfer dem Menschen seine Sünden vergibt, so dass ihm dieser nun nahen kann. Auf Golgatha erfüllte sich in der Vollendung der Zeitalter, was Gott in den Opfern des Tempeldienstes angedeutet hatte. Dort offenbarte sich die Herrlichkeit Gottes – Seine unbeugsame Heiligkeit und Seine unauslotbare Liebe – die im Gesicht wie Rauch den Tempel erfüllte (vgl. 1. Kön. 8,10; 2. Chr. 7,1+2). Und von da geht nun der Zorn Gottes aus: Weil der Mensch in der Verachtung des Opfers Jesu Christi Gott selbst geschmäht, Seine Herrlichkeit herausgefordert hat, wird er gerichtet, trifft ihn Gottes unvermischter Zorn. Gegenüber Sünde, gegenüber Unglauben und Auflehnung kann sich Gott nicht anders verherrlichen als im Zornesgericht.

Kapitel 16

Die erste Schale (16,1 + 2)

«Und ich hörte eine laute Stimme aus dem Tempel zu den sieben Engeln sagen: Gehet hin und giesset die sieben Schalen des Grimmes Gottes aus auf die Erde.

Und der erste ging hin und goss seine Schale aus auf die Erde; und es kam ein böses und schlimmes Geschwür an die Menschen, welche das Malzeichen des Tieres hatten und die sein Bild anbeteten.»

Es folgt die Beschreibung von *sieben* Gerichten. Damit ist das Mass voll. Gott richtet vollkommen gerecht; das Mass entspricht stets der Schwere der Schuld; sodann sind es sieben *verschiedene* Plagen. Das bedeutet, dass seine Schläge in ihrer Art der jeweiligen Art menschlicher Sünde entsprechen. Selbst im Zorn wirkt Gott so, dass sein Charakter aufscheint. Nichts an Ihm ist willkürlich oder beliebig. Wie anders ist er darin als wir Menschen (vgl. Hebr. 12,10)!

Auch folgendes zeigt, dass Gott mit vollkommenem Wissen und mit Bedacht handelt: Die letzten Plagen werden anders als die vorhergegangenen nicht mehr angekündigt. Sie fallen ohne Warnung. Hat Gott lange genug und deutlich genug gesprochen, kann Er nicht mehr länger zuwarten und wieder und wieder warnen. Salomo sagte kraft göttlicher Inspiration bereits:

«Ein Mann, der, oft zurechtgewiesen, den Nacken verhärtet, wird *plötzlich* zerschmettert werden ohne Heilung» (Spr. 29,1).

Ein böses und schlimmes Geschwür; das ist höchstes Unwohlsein und abstossende Hässlichkeit. Welch passende Antwort des Himmels auf eine Zivilisation – kann man sie noch so nennen? –, die das Stillen jeder Lust (vgl. 2. Mose 20,17; Matth. 16,24) und die selbstverliebte Pflege äusserlicher Schönheit (vgl. Ps. 147,10; Spr. 31,30; 1. Petr. 3,3 + 4) zu obersten Lebensgrundsätzen erhoben hat! Die innere, die moralische Hässlichkeit des Menschen bricht hervor und entstellt sein Äusseres. Gott redet durch Seine Schläge.

Die zweite Schale (16,3)

«Und der zweite goss seine Schale aus auf das Meer; und es wurde zu Blut, wie von einem Toten, und jede lebendige Seele starb, alles, was in dem Meere war.»

Die zweite Plage erinnert an die zweite Posaune. Der auffallende Unterschied ist, dass das Ausmass der Zerstörung hier nicht begrenzt ist. Erneut stellen wir fest, dass der Gott des Gerichts mit gerechter Hand und vollkommenem Wissen die Erde schlägt. Auf die immer verbissenere Weigerung des Menschen, auf Gottes Reden zu achten, antwortet Er mit vermehrter und verschärfter Strafe. Wenn es in Jakobus 1,20 heisst: «Eines Mannes Zorn wirkt nicht die Gerechtigkeit», dann können wir das von Gott nicht sagen. Selbst im Zorn bleibt er unverändert gerecht. Darum betet der Himmel – ob auch der Mensch den Namen Gottes lästern mag (Verse 9 u. 11) – angesichts der letzten Plagen an: «Deine *gerechten* Taten sind offenbar geworden» (15,4).

Wenn nun das Meer zu Blut wird, dann wird dieser Lebensraum von alles erfassendem Tod – es ist Blut «wie von einem Toten» – heimgesucht. Steht Meer, wie wir in Kapitel 8 feststellten, für internationalen Verkehr oder ganz allgemein für *Kommunikation*, dann hiesse das: Der sich durch die Sünde von Gott abschottende Mensch wird auch von seinem Nächsten *total isoliert*. Radikale Vereinsamung ist eine entsetzliche Plage. Aber erneut: Wie passend die Antwort Gottes auf die Weigerung des Menschen, sich in *Seine* Gemeinschaft rufen zu lassen! Will er die Gemeinschaft mit dem Höchsten nicht, die beglückendste, die sich denken lässt, dann verliert er die Fähigkeit zur Gemeinschaft auch mit dem Nächsten.

Die dritte Schale (16,4–7)

«Und der dritte goss seine Schale aus auf die Ströme und auf die Wasserquellen, und sie wurden zu Blut. Und ich hörte den Engel der Wasser sagen: Du bist gerecht, der da ist und der da war, der Heilige, dass du also gerichtet hast. Denn Blut von Heiligen und Propheten haben sie vergossen, und Blut hast du ihnen zu trinken gegeben; sie sind es wert. Und ich hörte den Altar sagen: Ja, Herr, Gott, Allmächtiger, wahrhaftig und gerecht sind deine Gerichte.»

Die Ströme und Wasserquellen ermöglichen erst das Gedeihen alles Lebendigen auf der Erde. Und gedeihliches Zusammenleben der Menschen ist nur möglich, wenn diese sich von Quellen sittlicher Belehrung ernähren. Welche Sittlichkeit aber kann stete, unversiegende Quelle des Wohlbefindens sein? Nur eine von Gott, dem Schöpfer des Menschen, zu dessen Wohl gegebene. Ohne gottgegebene Moral sind Erquickung und Freude ausgeschlossen. Hier nun werden die Wasserläufe zu Blut; alles, was eben Frieden untereinander und Freude aneinander hätte ermöglichen sollen, verbreitet nur noch Zersetzung und Zerfall. Wie kommt es dazu? Gott gibt den Menschen Blut zu trinken, weil sie das Blut seiner Propheten vergossen haben. Sie haben die von Gott gesandten Lehrer und Zeugen nicht gewollt. Gottes Wort und Gottes Ordnungen: Selbstlosigkeit, Unterordnung der Kinder gegenüber den Eltern, ausschliessliche Liebe des Mannes zu seiner Frau und daraus entspringende Unterordnung der Frau unter den Mann, Achtung vor dem Alter, Ehrfurcht vor dem Leben, Gehorsam gegenüber Vorgesetzten und Autoritäten und schliesslich eine zu solchen Tugenden inspirierende Furcht vor Gott (Spr. 9,10) – all diese Dinge sind ihnen ein Greuel gewesen. Entsprechend vergilt ihnen Gott. Alles Liebliche, alles Freundliche, alles Beständige und Traute schwindet und macht Neid, Verlogenheit, Misstrauen, Entzweiung, Kampf der Geschlechter, Zerwürfnis zwischen den Generationen, enthemmtem Egoismus (2. Tim. 3,1–4) Platz. Wie entsetzlich, unter solchen Umständen leben zu müssen!

Die vierte Schale (16,8 + 9)

«Und der vierte goss seine Schale aus auf die Sonne; und es wurde ihr gegeben, die Menschen mit Feuer zu versengen. Und die Menschen wurden von grosser Hitze versengt und lästerten den Namen Gottes, der über diese Plagen Gewalt hat, und taten nicht Busse, ihm Ehre zu geben.»

Die Sonne ist das Symbol für die oberste Regierungsgewalt. Diese versengt nun die Menschen mit Feuer, das ist Verfolgung Missliebiger, wie wir aus 1. Petr. 4,12 («das Feuer der Verfolgung») erkennen. Das Tier beginnt, die Untertanen seines Imperiums grausam zu knuten und zu schinden. Wollten die Menschen nicht das sanfte Joch dessen, der von sich sagt, Er sei «sanftmütig und von Herzen demütig» auf sich nehmen (Matth. 11,29), bekommen sie von Gott ein ehernes Joch auferlegt, dass sie mitleidlos erdrückt (vgl. 5. Mose 28,48).

Die fünfte Schale (16,10 + 11)

«Und der fünfte goss seine Schale aus auf den Thron des Tieres; und sein Reich wurde verfinstert; und sie zerbissen ihre Zungen vor Pein und lästerten den Gott des Himmels wegen ihrer Pein und wegen ihrer Geschwüre, und taten nicht Busse von ihren Werken.»

Bereits zum zweiten Mal lesen wir in diesem Kapitel, dass die Menschen ob der Gerichtsschläge Gottes nicht Busse taten. Der Hebräerbrief sagt uns, dass Menschen, wenn sie sich lange genug dem Licht des Evangeliums widersetzt haben, einmal unfähig sein werden, Busse zu tun (6,4 + 5). Die Angehörigen der sogenannten «christlichen» Völker, die während Jahrhunderten Gelegenheit hatten, dem Evangelium der Gnade Gottes zu glauben, werden ihrer hartnäckigen Verweigerung des Glaubens wegen in der kommenden Trübsalszeit nicht mehr umkehren können. Sie vermögen nur noch den Himmel in ohnmächtig zähneknirschender Wut zu verwünschen.

Nachdem das Reich des Tieres zuerst darin sein wahres Wesen enthüllt hat und in einen grausam schindenden Terror verfallen ist, wird jetzt alles finster. Was wie Aufklärung, Fortschritt und Erleuchtung ausgesehen hatte, wird jetzt als totale Verfinsterung offenbar. Wenn es dunkel ist, sieht keiner mehr etwas. Das bedeutet, dass angesichts vollständiger Orientierungs- und Beziehungslosigkeit bodenlose Verzweiflung die Menschen überfallen wird. Sie werden weder woher noch wohin, weder aus noch ein wissen. Zudem wird der einzelne den Nächsten nicht mehr sehen. Absolute Isolation, das ist Vereinsamung der Menschen, lässt den einzelnen vollkommen allein mit seiner in Hass, Neid, Bitterkeit und Galle sich verzehrenden Seele. Vor Pein zerbeissen sich die Menschen – wie ein Epileptiker in seinem rasenden Anfall – die Zungen. Ein indischer Gottesmann und Christ sagte einmal: «Licht, das man verwirft, wird zu Finsternis.» Das sagt der Sohn Gottes, der das Licht der Welt ist, in Matthäus 6,23: «Wenn das Licht, das in dir ist, Finsternis ist, wie gross ist dann die Finsternis!»

Die sechste Schale (16,12–16)

«Und der sechste goss seine Schale aus auf den grossen Strom Euphrat; und sein Wasser vertrocknete, auf dass der Weg der Könige bereitet würde, die von Sonnenaufgang herkommen. Und ich sah aus dem Munde des Drachen und aus dem Munde des Tieres und aus dem Munde des falschen Propheten drei unreine Geister kommen wie Frösche; denn es sind Geister von Dämonen, die Zeichen tun, welche zu den Königen des ganzen Erdkreises ausgehen, sie zu versammeln zu dem Kriege jenes grossen Tages Gottes, des Allmächtigen. (Siehe, ich komme wie ein Dieb. Glückselig, der da wacht und seine Kleider bewahrt, auf dass er nicht nackt wandle und man seine Schande sehe!) Und er versammelte sie an den Ort, der auf hebräisch Armagedon heisst.»

Wir lasen zweimal, dass die Menschen nicht Busse taten. Was tun sie stattdessen? Sie lassen sich, verführt durch dämonisch gewirkte Zeichen und Wunder, von Satan zum offenen Krieg gegen Gott anstiften. Dämonische Mächte lassen die Menschen in ihrem Aufruhr gegen den Himmel einswerden. Das ist sehr bezeichnend, und es soll uns eine Warnung davor sein, alle Zusammenschlüsse und grossen Verbrüderungen, wie wir sie in unseren Tagen erleben, euphorisch zu begrüssen. Denken wir auch an Kapitel 17,13 + 14. Dort lesen wir, dass zehn Könige *einen* Sinn haben, dass sie im Anliegen vereint sind, ihre Macht dem Tier zu leihen, das Krieg führt wider das Lamm. Wer mag glauben, ein geeintes Europa und eine geeinte Welt werde ein Werk göttlicher Gnade zu göttlichem Wohlgefallen sein? Vielmehr bahnt sich der Zusammenschluss der Könige der Erde an, die zusammen beraten werden, wie sie Gott und seinen Gesalbten ausstechen können und dann mit zum Himmel gereckter Faust rufen werden: «Lasst uns zerreissen ihre Bande und von uns werfen ihre Seile» (Ps. 2,2 + 3; 46,3 + 6). Sie beabsichtigen, wie die bösen Weingärtner von Matthäus 21,38, dem von Gott bestimmten Erben (Hebr. 1,2) das Erbe streitig zu machen. Wenn es hier heisst, Gott sammle sie «an der Ort, der auf Hebräisch Harmagedon heisst», dann ist das eine Anspielung an jenes Geschehen, in dem erstmals an jenem Ort von einem Kampf fremder Heere gegen das Volk Gottes die Rede ist: Richter 5,19 + 20. Wie dort wird auch hier der Herr vom Himmel her eingreifen und die Feinde Gottes und Seines Volkes schlagen. Das bedeutet auch, dass die Bezeichnung Harmagedon (= «Berg von Megiddo») nicht auf die Geographie des Geschehens, sondern auf die *Art* des Geschehens hinweisen will; denn dieses wird sich laut Sacharja 14,1 + 2 und Micha 4,11–13 um Zion drehen.

Die Könige der Erde versammeln sich (Ps. 48,4; Sach. 14,2 + 3; Joel 3,9–17), um die in Jerusalem lebenden Glaubenden zu vernichten. Indem sie diese bekriegen, führen sie Krieg wider das

Lamm, ähnlich wie Saulus, als er den Christen nachsetzte, damit den Christus Gottes selbst verfolgte; deshalb dessen Frage an ihn: «Saul, Saul, was verfolgst du *mich*!» (Apg. 9,4).

Was sagt uns das Ganze ferner? Das von immer unerträglicheren Plagen befallene Reich des Tieres wird in den Gläubigen die Sündenböcke sehen, die es auszurotten gilt, dann würde wieder Ordnung einkehren. Das Tier und sein Prophet sind durch die dämonische Hilfe in ihrer weltweiten Mission erfolgreich und können die Könige der Erde hinter sich sammeln, um auf Jerusalem zu marschieren. Sie ahnen nicht, dass es bereits göttliches Gericht ist, dass sich diese überhaupt einfinden; denn sie versammeln sich, um vom Sohn Gottes gerichtet zu werden. Und ist es nicht bemerkenswert, dass in Vers 14 wohl steht, die Dämonen versammelten die Menschen, in Vers 16 aber: *Gott* versammle sie (Zeph. 3,8; Mi. 4,11–13). Er steht über allem, Er lenkt alles so, dass der Mensch selbstverschuldet ins Gericht eilt. Man vergleiche das mit Jeremia 50,24. In Kapitel 19 wird dann beschrieben, wie der aus dem Himmel erscheinende König die zum Krieg versammelten Könige der Erde (19,19) richtet (Man beachte die beiden Male das Wort «versammelt» in 16,16 und 19,19).

Eingeschoben ist eine Warnung an die Menschen angesichts des nahe bevorstehenden Kommens des Messias. Noch immer ruft Gott! Er tut dies natürlich durch seine Zeugen, die trotz Verfolgung und Todesstrafe das Kommen des Königs aller Könige ankündigen. Und es werden wohl Menschen aus den zahlreichen Heidenvölkern auch diesen bald letzten Ruf zur Busse annehmen und nach dem Kommen des Königs Ausschau halten. Diese werden – anders als die Ungläubigen – sein Kommen nicht wie den Dieb in der Nacht, das heisst als eine böse Überraschung, erleben.

Die siebente Schale (16,17–21)

«Und der siebente goss seine Schale aus in die Luft; und es ging eine laute Stimme aus von dem Tempel des Himmels, von dem Throne, welche sprach: Es ist geschehen. Und es geschahen Blitze und Stimmen und Donner; und ein grosses Erdbeben geschah, desgleichen nicht geschehen ist, seitdem die Menschen auf der Erde waren, solch ein Erdbeben, so gross. Und die grosse Stadt wurde in drei Teile geteilt, und die Städte der Nationen fielen, und die grosse Babylon kam ins Gedächtnis vor Gott, ihr den Kelch des Weines des Grimmes seines Zornes zu geben. Und jede Insel entfloh, und Berge wurden nicht gefunden. Und grosse Hagelsteine, wie ein Talent schwer, fallen aus dem Himmel auf die Menschen hernieder; und die Menschen lästerten Gott wegen der Plage des Hagels, denn seine Plage ist sehr gross.»

Alle Auflehnung menschlicher Zivilisation gegen die Herrschaft des Himmels ist eitel. Am Ende bricht sie vollkommen in sich zusammen. Das will uns die siebte und letzte Schale des Zornes Gottes sagen, daher hier von Erdbeben – dem Umsturz der dann bestehenden Ordnungen (Ps. 97,4) – und von Städten, die fallen, die Rede ist. Das letzte, das der Himmel einer unbussfertigen Menschheit geben kann, ist Zerstörung: Hagelsteine fallen aus ihm und damit Tod. Dabei hatte der Himmel dem Menschen weit Besseres bereitet: «Das Brot Gottes ... das aus dem Himmel kommt und der Welt das *Leben* gibt» (Joh. 6,33).

Die grosse Stadt, die in drei Teile geteilt wird, ist Jerusalem. Sacharja 13,8 + 9 sagt dazu, dass zwei Teile der im Lande befindlichen Juden umkommen und der dritte Teil als Überrest übrigbleiben wird.

In einem Satz wird schliesslich das Ende Babylons zusammengefasst. In den nachfolgenden zwei Kapiteln wird ihr Ende ausführlich beschrieben.

Kapitel 17

Die Hure Babylon

Das Wesen der grossen Hure (17,1–6)

«Und es kam einer von den sieben Engeln, welche die sieben Schalen hatten, und redete mit mir und sprach: Komm her, ich will dir das Urteil über die grosse Hure zeigen, die auf den vielen Wassern sitzt, mit welcher die Könige der Erde Hurerei getrieben haben; und die auf der Erde wohnen sind trunken geworden von dem Weine ihrer Hurerei. Und er führte mich im Geiste hinweg in eine Wüste; und ich sah ein Weib auf einem scharlachroten Tiere sitzen, voll Namen der Lästerung, das sieben Köpfe und zehn Hörner hatte. Und das Weib war bekleidet mit Purpur und Scharlach und übergoldet mit Gold und Edelgestein und Perlen, und sie hatte einen goldenen Becher in ihrer Hand, voll Greuel und Unreinigkeit ihrer Hurerei; und an ihrer Stirn einen Namen geschrieben: Geheimnis, Babylon, die grosse, die Mutter der Huren und der Greuel der Erde. Und ich sah das Weib trunken von dem Blute der Heiligen und von dem Blute der Zeugen Jesu. Und ich verwunderte mich, als ich sie sah, mit grosser Verwunderung.»

Der Gerichtsengel zeigt Johannes «das Urteil» über die grosse Hure. Gott legt offensichtlich Wert darauf, dass wir das Wesen dieses grässlichen religiösen Systems kennen und entsprechend das göttliche Urteil über dasselbe finden. Bei der grossen Hure geht es um die christuslose Christenheit und wohl auch die messiaslose Judenheit. Woher kann man das mit solcher Bestimmtheit wissen? Sie wird «Hure» genannt, ist also das Gegenteil einer treuen Braut oder einer treuen Ehefrau. Braut und Ehefrau des Herrn werden aber die Gemeinde im Neuen, beziehungsweise Israel im Alten Testament genannt. Daher bedeutet die Hure das untreue Israel und die untreue Christenheit. Offensichtlich werden sich eine abgefallene Christenheit und die Judenheit finden. Wie das im einzelnen vor sich gehen wird, ist nicht so wichtig. *Dass* sie sich aber darin finden und verstehen, wie einst die Obersten der Juden und Pilatus, dass sie beide Jesus von Nazareth verleugnen und abweisen, ist deutlich, und das zu erkennen, ist entscheidend.

Das Neue Testament kündigt die Entwicklung an, die aus der einst reinen Braut (2. Kor. 11,2) am Ende die grosse Hure erstehen lässt. Wir lesen in 2. Thessalonicher 2,7:

«Schon ist das Geheimnis der Gesetzlosigkeit wirksam.» In Offenbarung 17 hatten wir auch das Wort «Geheimnis» gelesen: Der Hure steht dieses Wort an die Stirn geschrieben; was an die Stirn geschrieben steht, ist inzwischen nicht mehr geheim; es ist offenbar und für alle Welt ersichtlich. So wird es am Ende sein. Anfangs aber wirkte die Gesetzlosigkeit, die am Ende ein weltumspannendes, Gott verachtendes und die Heiligen hassendes System sein würde, im Verborgenen, nur dem wachsamen Gläubigen erkenntlich. Johannes spricht davon, dass bereits in seinen Tagen «viele Antichristen» aufgekommen waren (1. Joh. 2,18). Bereits in den Tagen der Apostel also wirkte jener Geist der Lüge, der Religion, der Anbetung des Menschen, der den Christus Gottes herabsetzt und schliesslich ganz verdrängt. In Offenbarung 2,20 lasen wir im Sendschreiben an Thyatira vom «Weib Jesabel», die genau die Dinge damals bereits tat, die rund zweitausend Jahre später die grosse Hure tun würde: «Sie lehrt und verführt meine Knechte, Hurerei zu treiben.»

Von der Gemeinde in Laodizäa, der Gemeinde, die besonders die Zustände der endzeitlichen Christenheit vorwegnimmt, heisst es, sie sei bereits *christuslos* geworden: Christus steht *vor* der Tür, also draussen, und muss um Einlass bitten. So wirkt das «Geheimnis der Gesetzlosigkeit» seit dem 1. Jahrhundert beständig und triumphiert am Ende der Tage vollends. Die grosse Hure hat weltweiten Einfluss, Könige machen ihr den Hof, sie sitzt *auf* dem Tier, hat sich dieses also *dienstbar* gemacht – nicht für lange freilich, wie vorliegendes Kapitel zeigt.

Wir wollen die Merkmale der Hure denen der Braut gegenüberstellen. Sie ist Punkt für Punkt verkommen, die Perversion der Gedanken Gottes über Seine Gemeinde, Sein Volk, Seine Braut.

1. Sie heisst «Hure», während die Gemeinde eine «keusche Jungfrau» ist (2. Kor. 11,2).

2. Sie sitzt auf den vielen Wassern, will sich also von überall bereichern (vgl. Laodizäa: 3,17) und allen Einflüssen offen sein, gleichzeitig auch überall mitreden. Die Gemeinde weiss nur um einen Quell (Joh. 7,37; Ps. 87,8).

3. Die Könige der Erde haben mir ihr Hurerei getrieben. Die Gemeinde ist nur dem König aller Könige ergeben (1. Tim. 6,13–16).

4. Sie macht trunken. Die Gemeinde ist durch Gottes Geist und Gottes Wort nüchtern (Eph. 5,18).

5. Die Hure wird vom Tier getragen, von irdischen Mächten. Wenn wir bedenken, dass in diesem Kapitel über das Tier gesagt wird, dass es mit dem Lamm Krieg führe (Vers 13 + 14), dann begreifen wir, dass die Hure sich von Mächten und Kräften tragen lässt, die den Sohn Gottes hassen. Die Gemeinde weigert sich, sich von irdischen Mächtigen tragen und versorgen zu lassen; und das genau aus diesem Grund: Der Geist der Welt hasst Jesus Christus. Die Gemeinde will sich daher ausschliesslich auf Christus selbst stützen (3. Joh. 7).

6. Die Hure herrscht. Die Gemeinde weiss, dass die Zeit zu herrschen noch nicht gekommen ist (1. Kor. 4,5). Daher *dient* sie gleich ihrem Meister.

7. Die Hure bekleidet sich mit Purpur, Scharlach und Gold. Sie umgibt sich mit irdischem Prunk und Gepränge, da sie im Urteil der Welt etwas gelten will. Von den Gläubigen, welche die Gemeinde ausmachen, lesen wir: «Darum erkennt uns die Welt *nicht*, weil sie ihn nicht erkannt hat» (1. Joh. 3,2).

8. Die Hure ist «Mutter der Huren und Greuel der Erde», Mutter also aller den Menschen erniedrigenden und knechtenden Sünde. Von der die Gemeinde prägenden Gnade heisst es: «Das Jerusalem droben ist frei, welches unsere Mutter ist» (Gal. 4,26). Diese Mutter gebiert «zur Freiheit» (Gal. 5,1).

9. Die Hure ist «trunken vom Blute der Heiligen»: Sie hasst und tötet sie. Eines der unverkennbaren Merkmale der Gemeinde ist, dass die Glaubenden einander lieben. Gemäss dem ganzen 1. Johannesbrief erkennt man ein Kind Gottes eben daran, dass es die Heiligen *liebt*. Das hat auch der Herr gesagt (Joh. 13,34+35).

Rufen wir uns noch einmal in Erinnerung, dass im Buch der Offenbarung eben, wie sein Titel sagt, *enthüllt* wird, was schon immer vorhanden war, um erst am Ende in unverhüllter Gestalt ans Licht zu treten. Sind sich nun Gemeinde und Religion, Gemeinschaft der Heiligen und staatlich organisierte und offiziell beglaubigte und finanzierte Christenheit dem Wesen nach so fremd, wie können wir dann nur daran denken, Gemeinde sein zu wollen und gleichzeitig einem System anzugehören, das den Sohn Gottes hasst, das alle Seine Gedanken über die Braut ins Gegenteil pervertiert, und das Seine Geliebten verachtet?

Johannes verwunderte sich ob diesem Anblick «mit grosser Verwunderung». Er hatte den Drachen gesehen, er hatte das Tier aus dem Meer und das Tier aus der Erde gesehen und sich nicht dergestalt verwundert. Dass aber ausgerechnet jene Gestalt, die sich mit dem Namen Christi umgibt, derart verkommen und pervers sein würde, ist dem Seher schier unfassbar.

Das Geheimnis des Tieres (17,7–14)

«Und der Engel sprach zu mir: Warum verwunderst du dich? Ich will dir das Geheimnis des Weibes sagen und des Tieres, das sie trägt, welches die sieben Köpfe und die zehn Hörner hat. Das Tier, welches du sahst, war und ist nicht und wird aus dem Abgrund heraufsteigen und ins Verderben gehen; und die auf der Erde wohnen, deren Namen nicht in dem Buche des Lebens geschrieben sind von Grundlegung der Welt an, werden sich verwundern, wenn sie das Tier sehen, dass es war und nicht ist und da sein wird. Hier ist der Verstand, der Weisheit hat: Die sieben Köpfe sind sieben Berge, auf welchen das Weib sitzt. Und es sind sieben Könige: fünf von ihnen sind gefallen, der eine ist, der andere ist noch nicht gekommen; und wenn er kommt, muss er eine kleine Weile bleiben. Und das Tier, welches war und nicht ist, er ist auch ein achter und ist von den sieben und geht ins Verderben. Und die zehn Hörner, die du sahst, sind zehn Könige, welche noch kein Königreich empfangen haben, aber Gewalt wie Könige empfangen, *eine* Stunde mit dem Tiere. Diese werden mit dem Lamme Krieg führen, und das Lamm wird sie überwinden; denn er ist Herr der Herren und König der Könige, und die mit ihm sind Berufene und Auserwählte und Treue.»

Als erstes wird gesagt, dass das Tier die Hure trage. Kirchliche, religiöse, aber bei alledem christuslose Systeme sind politisch-wirtschaftlichen Machtgebilden willkommene Förderer und Erhalter ihrer Macht, weshalb sie diese denn ihrerseits auch schützen und fördern. Dieses unselige Zweckbündnis zwischen Thron und Altar muss freilich früher oder später zu beiderseitigem Missfallen ausschlagen und in offener Feindschaft enden (Vers 16). Wie sollte es auch anders kommen? Nur im gemeinsamen Glauben an die Wahrheit und in der bedingungslosen Unterwerfung unter sie kann es gedeihliche Gemeinschaft zwischen einzelnen wie auch Gruppen geben (Röm. 15,5–7; Phil 2,1–6).

Dann wird als zweites Wichtiges vom Tier gesagt, dass es untergehen, aber wieder aufsteigen werde. Es ist dieser nie erwartete Aufstieg einer historischen Grossmacht, welche alle Welt in grenzenloses Staunen und Bewundern versetzen wird. Einzig die Glaubenden werden nicht staunen, noch werden sie sich vom allenthalben sich breitmachenden Optimismus oder gar Überschwang blenden lassen; denn sie erkennen, dass der Geist des Tieres dem ihres Herrn diametral entgegengesetzt ist.

Das Tier hat sieben Köpfe, welche sieben Berge symbolisieren, auf welchen das Weib sitzt. Rom hiess nun seit jeher *semptemcollis*, die siebenhügelige. Das ist ein weiterer Beleg dafür, dass das Tier, dem wir bereits in den Kapiteln 11 und 13 begegneten, das wieder zur Weltmacht aufgestiegene Rom ist.

Gleichzeitig stehen die sieben Köpfe für sieben Herrscher, die der Reihe nach regiert haben. Der siebte wird dabei gleichzeitig der endzeitliche Herrscher, das Oberhaupt des neuen römischen Imperiums sein. Er wird nur «eine kleine Weile», die wiederholt genannte Zeit von dreieinhalb Jahren, bleiben und dann «ins Verderben» gehen, bei der Wiederkunft des Herrn nämlich (19,20).

Die zehn Hörner sind ebenfalls zehn Könige, die aber nicht wie die sieben Köpfe der Reihe nach regieren, sondern die «Gewalt wie Könige empfangen *eine* Stunde mit dem Tiere». Sie werden erst dann aufkommen und ihre Macht erringen, wenn das Tier seine unumschränkte Macht angetreten hat. Wer diese zehn Könige sind, braucht uns nicht näher zu interessieren. Auf alle Fälle sind sie noch nicht erkenntlich, wie ja vorliegender Vers deutlich macht. Was uns aber interessieren muss, ist ihr Charakter: Sie sind sich darin vollständig eins – sie haben «*einen* Sinn» –, dass sie rückhaltlos das Tier unterstützen. Dessen Ziele sind ihre Ziele, dessen Charakter ist mithin auch ihr Charakter: Sie hassen den Sohn Gottes (Vers 14).

Das Ende der Hure (17,15–18)

«Und er spricht zu mir: Die Wasser, die du sahst, wo die Hure sitzt, sind Völker und Völkerscharen und Nationen und Sprachen; und die zehn Hörner, die du sahst, und das Tier, diese werden die Hure hassen und werden sie öde und nackt machen, und werden ihr Fleisch fressen und sie mit Feuer verbrennen. Denn Gott hat in ihre Herzen gegeben, seinen Sinn zu tun und in *einem* Sinne zu handeln und ihr Königreich dem Tiere zu geben, bis die Worte Gottes vollbracht sein werden. Und das Weib, das du sahst, ist die grosse Stadt, welche das Königtum hat über die Könige der Erde.»

Was hier offenbar wird, ist natürlich dem Prinzip nach immer wahr: Die politisch und wirtschaftlich Mächtigen verachten eine um Einfluss und Gunst buhlende Kirche, weil sie deren Heuchelei ganz richtig erfassen. Die Ungläubigen durchschauen uns, wenn wir uns ihnen anbiedern und Methoden und Gebaren der Welt kopieren, um anzukommen. Solange es den Mächtigen der Welt nützlich erscheint, werden sie ein Zweckbündnis mit den Kirchen wohl eingehen. Das kann aber nicht darüber hinwegtäuschen, dass sie sie hassen.

Gott selbst wird am Ende dafür sorgen, dass die Hure dem unverhüllten Hass des Tieres und seiner Vasallen preisgegeben wird. Ihr Gericht, die Verbrennung, ist das Urteil des Gesetzes über Hurerei von Priestertöchtern (3. Mose 21,9). So gottlos das Tier und seine Könige sind, verwendet sie Gott in Seiner Souveränität als Seine Werkzeuge. So hat Gott manchen Despoten ohne dessen Wissen als Werkzeug benutzt, um Seine Absichten zu erfüllen. Das macht freilich den Despoten nicht schuldlos; er wird vielmehr seiner Sünden wegen zu seiner Zeit der gerechten Strafe zugeführt werden. So wird der Herr das Tier und die Könige ihrer eigenen Bosheit wegen auch richten (19,20 + 21; man vergleiche damit Jes. 10,5–15).

Eine Hure ist eine untreue Frau; die Hure wird selbst Treulosigkeit am eigenen Leib erfahren. Die den Herrn betrog, wird am Ende selbst betrogen: In Wortbrüchigkeit fallen unvermittelt ehemalige Verbündete über sie her. Wie gross wird darob ihr Schrecken und wie ohnmächtig ihre Verbitterung sein! Ändern kann sie damit nichts; Gottes Hand hat alles gefügt und teilt ihr die gerechte Vergeltung zu.

Durch Treulosigkeit wird Treulosigkeit gestraft. Dafür sorgt Gott in Seiner gerechten Regierung (vgl. die Ausführungen zu Kapitel 4). Bereits der erste «Antichrist», der in Israel auftrat, Abimelech, der erste selbsternannte und damit falsche König der erwählten Nation, kam durch Tücke an die Macht. Tücke bereitet sein Ende; ehemals Verbündete fallen ihm in den Rücken: «Abimelech herrschte über Israel drei Jahre. Und *Gott* sandte einen bösen Geist zwischen Abimelech und die Bürger von Sichem» (Rcht. 9,23).

Im letzten Vers des Kapitels wird die Hure erstmals «die grosse Stadt» genannt; damit leitet er über zum Kapitel 18, denn das ist dort die wiederholt verwendete Bezeichnung derselben.

Kapitel 18

Babylon, die grosse Stadt

Hatte die Bezeichnung «Hure» Babylon uns gelehrt, dass geistliche Untreue, Götzendienst, ihr Wesen ist, zeigt uns dieses Kapitel, dass ebenso eitler Reichtum, der in Tat und Wahrheit Armut ist (3,17), ihr Wesen ausmacht. Das falsche religiöse System ist offenkundig auch ein wirtschaftlicher Gigant. Thyatira war die Vorläuferin der grossen Hure, Laodizäa der grossen Stadt. Es vereinen sich in Babylon tatsächlich alle Züge des Volkes Gottes, die Gott je ein Greuel gewesen sind.

Das Urteil des Herrn über Babylon (18,1–3)

«Nach diesem sah ich einen anderen Engel aus dem Himmel herniederkommen, welcher grosse Gewalt hatte; und die Erde wurde von seiner Herrlichkeit erleuchtet. Und er rief mit starker Stimme und sprach: Gefallen, gefallen ist Babylon, die Grosse, und ist eine Behausung von Dämonen geworden und ein Gewahrsam jedes unreinen Geistes und ein Gewahrsam jedes unreinen und gehassten Vogels. Denn von dem Weine der Wut ihrer Hurerei haben alle Nationen getrunken, und die Könige der Erde haben Hurerei mit ihr getrieben, und die Kaufleute der Erde sind durch die Macht ihrer Üppigkeit reich geworden.»

Politische und wirtschaftliche Macht sind in den Händen der grossen Hure. Daher wird sie auch «die grosse Stadt» genannt. Es ist ein «anderer Engel», der sie richtet. Dieser hat «grosse Gewalt», und seine Herrlichkeit erleuchtet die Erde. Im Lichte himmlischer Herrlichkeit erst wird deutlich (vgl. Ps. 36,10; 73,17), wie armselig, wie schäbig, wie verlogen alle irdische Pracht, aller Reichtum und alles Gepränge der grossen Hure ist. Dieser «andere Engel» ist hier bereits zum vierten Male in diesem Buch der Sohn Gottes selbst (wie in 7,2; 8,3 und 10,1). Er, der dem verlogenen Bekenntnis der grossen Hure nach, Herr der Kirche war, richtet sie selbst, auch wenn er sich dazu, wie Kapitel 17 zeigt, menschlicher Werkzeuge bedient.

Es werden drei Dinge genannt, die Babylons Untergang begründen:

1. Sie ist eine Behausung von Dämonen geworden. 2. Vom Weine ihrer Hurerei haben alle Nationen getrunken. 3. Die Kaufleute der Erde sind durch sie reich geworden.

Der Ausdruck «Behausung» von Dämonen ist besonders bemerkenswert; denn er kommt ausser hier nur noch an einer Stelle im Neuen Testament vor. In Epheser 2,22 wird die Gemeinde eine «Behausung Gottes im Geiste» genannt. Beidemale steht das griechische Wort *katoiketärion*. Wie gross aber ist der Unterschied! Die Gemeinde des Herrn ist Wohnstätte des Geistes des Herrn (vgl. 1. Kor. 3,17); Babylon ist Wohnstätte des Geistes des Widersachers Gottes. Sie ist damit zum genauen Gegenteil dessen geworden, was das Haus Gottes sein soll und ist. Unreine Vögel sind Bilder für unreine Geister. In einem Gleichnis hat der Herr selbst angekündigt, dass das, was der Herr durch Sein Kommen einsetzte – das Reich Gottes – zu einem politischen ökonomischen Machtgebilde und zur Behausung von Vögeln, das ist von unreinen Geistern, verkommen würde (Matth. 13,31 + 32). Offenbarung 18 ist also die Erfüllung jenes Gleichnisses.

«Alle Nationen» haben mit Babylon verkehrt. Dieses System hat weltweiten Einfluss, weltumspannende Machtbefugnisse. Es will alle umfassen, allgemeine, universale Gültigkeit haben. «Universal» oder «allgemein» heisst auf Griechisch *katholikos*, mit eingedeutschter Endung: katholisch. Auch dies eine Perversion der Gedanken Gottes. Worin? Die Gemeinde soll ein Bethaus für alle Nationen sein, wie der Herr bestätigt hat (Mark. 11,17). Nur heisst das nicht, dass die Gemeinde die Welt umfassen, sondern umgekehrt, dass aus allen Nationen Menschen aus der Welt *herausgenommen* (Gal. 1,4) und ins Haus Gottes eingeführt werden (Hebr. 10,19–22).

Warum haben wohl «Könige der Erde» Umgang mit Babylon? Weil sie davon profitieren. Der Reichtum Babylons lässt es den Regenten der Erde ratsam erscheinen, mit ihr in gutem Einvernehmen zu stehen. So gewinnt sie politischen Einfluss. Babylon ist ein wirtschaftlicher Gigant mit politischem Ehrgeiz. Worin besteht er? In nichts Geringerem als der *Weltherrschaft*. Das erklärt im übrigen, warum Kommunismus und Katholizismus unversöhnliche Feinde sind. Sie sind Rivalen im Kampf um das gleiche Ziel. Wenn sie sich neuerdings die Hand reichen, dann geschieht das aus reinem Opportunismus.

In 1. Korinther 4,8 verurteilt der Apostel in einer scharfen Rüge das Begehren der Korinther zu *herrschen*. Wenn die Korinther das begehrten, dann ohne den Apostel; denn das Teil der Glaubenden ist noch immer, um Christi willen als Tor zu gelten, ein Nichts zu sein. Erst wenn Er kommt, um Sein Reich auf dieser Erde zu errichten, wird die Zeit zu herrschen anbrechen (22,5). Erneut stellen wir fest, wie Babylon Gottes Gedanken mit Seiner Gemeinde ins Gegenteil pervertiert.

Die «Kaufleute der Erde» sind durch Babylon reich geworden, solchen Reichtum besitzt sie. Einmal mehr hat sie damit die Weisung des Herrn verachtet. In 1. Timotheus 6,5 wird gesagt, dass zerrüttete Menschen meinen, Gottseligkeit sei ein Gewerbe.

Aus dem dreifachen hier aufgeführten Grund muss Babylon fallen. Der Ruf «gefallen, gefallen» im Munde des Herrn selbst erinnert an ein anderes Gebilde, von dem der gleiche Herr angekündigt hatte, dass es einen «grossen Fall» tun würde: das Haus, das Menschen unter Missachtung der göttlichen Weisungen bauen (Matth. 7, 26+27).

Das Urteil der Glaubenden über Babylon (18,4–7)

«Und ich hörte eine andere Stimme aus dem Himmel sagen: Geht aus ihr hinaus, mein Volk, auf dass ihr nicht ihrer Sünden mitteilhaftig werdet, und auf dass ihr nicht empfangt von ihren Plagen; denn ihre Sünden sind aufgehäuft bis zum Himmel, und Gott hat ihrer Ungerechtigkeiten gedacht. Vergeltet ihr, wie auch sie vergolten hat, und verdoppelt ihr doppelt nach ihren Werken; in dem Kelche, welchen sie gemischt hat, mischt ihr doppelt. Wieviel sie sich verherrlicht und Üppigkeit getrieben hat, so viel Qual und Trauer gebt ihr. Denn sie spricht in ihrem Herzen: Ich sitze als Königin, und Witwe bin ich nicht, und Traurigkeit werde ich nicht sehen.»

Die Glaubenden werden aufgerufen, Babylon zu verlassen. Das erinnert uns, wie so vieles in diesem Buch, an das erste Buch der Bibel. Dort lesen wir auch von jemandem, der von Gott aufgerufen wurde, eine Zivilisation des Götzendienstes zu verlassen. In 1. Mose 11 wird der *Turm von Babel* beschrieben, dessen Spitze an den Himmel hätte reichen sollen. Hier nun heisst es, Babylons Sünden seien aufgehäuft «bis in den Himmel». Und dann wird in 1. Mose 12 Abraham aufgefordert, diese gottlose, götzendienerische Gemeinschaft zu verlassen. Damit ist der in der Bibel so überaus wichtige und im Neuen Testament mit Nachdruck gelehrte Grundsatz erstmals von Gott selbst offen gelehrt: *die Absonderung.* Man kann nicht Christus und Mammon nachfolgen, Christus und Belial dienen. Man kann nicht an der Gemeinde Gottes und an der Welt bauen. Reich Gottes und Reich der Welt sind einander ausschliessende Grössen, wie Jesus Christus vor Pilatus für jeden verstehbar genug bezeugte: «Mein Reich ist nicht von dieser Welt» (Joh. 18,36). Daher auch an die Adresse der um weltlichen Einfluss und weltliches Ansehen buhlenden Korinther die Worte des Apostels: «Seid nicht in einem ungleichen Joche mit den Ungläubigen. Denn welche Genossenschaft hat Gerechtigkeit und Gesetzlosigkeit … welche Übereinstimmung Christus mit Belial … welchen Zusammenhang der Tempel Gottes mit den Götzenbildern … Darum geht aus aus ihrer Mitte und sondert euch ab…» (2. Kor. 6,14–18).

«Vergeltet ihr, wie auch sie vergolten hat.» Ist das Rachsucht? Ist es lieblos, wenn man der Aufforderung nachkommt? Gott ist Liebe. Immer. Er hört nie auf, Liebe zu sein. Gott ist dennoch auch Richter. Wenn Er richtet, dann hat Er nicht aufgehört, Liebe zu sein; denn Er bleibt ewig unveränderlich (Hebr. 13,8), Er kann sich selbst nicht verleugnen (2. Tim. 2,13). Es ist daher nie Lieblosigkeit, das zu hassen, was Gott hasst. Er freut sich vielmehr, wenn wir es tun (Off. 2,6). Wie wichtig ist es, daran zu denken, in einer Zeit, da Diplomatie und Ausgleich nahezu unangefochten das Feld beherrschen, da das höflich unverbindliche «sowohl als auch» das unmissverständliche *Ja* oder *Nein* verdrängt hat.

Einmal wird freilich dieser Vers seine buchstäbliche Erfüllung finden, wenn nämlich der Herr kommt. Dann werden die Erlösten zusammen mit Ihm die Welt richten.

Von uns, die wir jetzt keinerlei richterliche Macht besitzen, heisst es, dass wir einst die Welt richten werden (1. Kor. 6,2). Wenn wir aber nicht jetzt, durch den Herrn selbst angeleitet, es gelernt haben, den Götzendienst, das Blendwerk, die Verlogenheit und Arroganz der Welt zu verurteilen, wie werden wir *dann* in der Lage sein, diese Dinge zu richten? Jetzt ist die Zeit, da wir lernen, im Glauben an Sein Wort Sein Urteil anzunehmen und entsprechend zu handeln. Jetzt ist der Tag, der «geringsten» Dinge, da wir darin treu sein müssen, um eines Tages über das Eigentliche gesetzt zu werden (Luk. 16,10): Mit Christus über das Universum zu regieren. Wer am «Tag kleiner Dinge» (Sach. 4,10) nicht treu ist, dem wird «am Tag seiner (des Messias) Macht» (Ps. 110,3) auch nicht Grösseres anvertraut werden.

Das Urteil der Kaufleute über Babylon (18,8–19)

«Darum werden ihre Plagen an *einem* Tage kommen: Tod und Traurigkeit und Hungersnot, und mit Feuer wird sie verbrannt werden; denn stark ist der Herr, Gott, der sie gerichtet hat. Und es werden über sie weinen und wehklagen die Könige der Erde, welche Hurerei und Üppigkeit mit ihr getrieben haben, wenn sie den Rauch ihres

Brandes sehen, und werden von ferne stehen aus Furcht vor ihrer Qual und sagen: Wehe, wehe! die grosse Stadt, Babylon, die starke Stadt! denn in *einer* Stunde ist dein Gericht gekommen. Und die Kaufleute der Erde weinen und trauern über sie, weil niemand mehr ihre Ware kauft: Ware von Gold und Silber und Edelgestein und Perlen und feiner Leinwand und Purpur und Seide und Scharlach, und alles Thynenholz und jedes Gerät von kostbarstem Holz und von Erz und Eisen und Marmor, und Zimmet und Amomum und Räucherwerk und Salbe und Weihrauch und Wein und Öl und Feinmehl und Weizen und Vieh und Schafe, und von Pferden und von Wagen und von Leibeigenen und Menschenseelen. Und das Obst der Lust deiner Seele ist von dir gewichen, und alles Glänzende und Prächtige ist dir verloren, und du wirst es nie mehr finden. Die Kaufleute dieser Dinge, die an ihr reich geworden sind, werden aus Furcht vor ihrer Qual von ferne stehen, weinend und trauernd, und werden sagen: Wehe, wehe! die grosse Stadt, die bekleidet war mit feiner Leindwand und Purpur und Scharlach und übergoldet mit Gold und Edelgestein und Perlen! denn in *einer* Stunde ist der so grosse Reichtum verwüstet worden. Und jeder Steuermann und jeder, der nach irgend einem Orte segelt, und Schiffsleute und so viele auf dem Meere beschäftigt sind, standen von ferne und riefen, als sie den Rauch ihres Brandes sahen, und sprachen: Welche Stadt ist gleich der grossen Stadt? Und sie warfen Staub auf ihre Häupter und riefen weinend und trauernd und sprachen: Wehe, wehe! die grosse Stadt, in welcher alle, die Schiffe auf dem Meere hatten, reich wurden von ihrer Kostbarkeit! denn in *einer* Stunde ist sie verwüstet worden.»

Dreimal wird in diesem Abschnitt geklagt (Verse 9 + 16 + 19). Menschen, die an Babylon verdient haben, sind entsetzt, da ihre Lebensgrundlage zusammenbricht. Wie furchtbar, wenn man den persönlichen Gewinn mehr geliebt hat als die Wahrheit, wenn man die Augen vor den Greueln Babylons, vor ihrer Verlogenheit, ihrem anmassenden Auftreten, ihrer Unduldsamkeit gegenüber allen, die sich ihr nicht beugten, verschlossen hat, weil man an ihr reich werden konnte. In *einer Stunde*, wie ebenfalls dreimal versichert wird, fällt Babylon, und sie wird jedesmal «die Grosse» genannt. So gross, so reich, so mächtig sie war, sie fällt. Das, was so sicher und unerschütterlich geschienen hatte, bricht mit einem Schlag zusammen, um sich nie mehr zu erheben: «Wer, oft zurechtgewiesen, den

Nacken verhärtet, wird plötzlich zerschmettert werden *ohne Heilung*» (Spr. 29,1)

Die Freude des Himmels
über den Sturz Babylons (18,20)

«Seid fröhlich über sie, du Himmel, und ihr Heiligen und ihr Apostel und ihr Propheten! denn Gott hat euer Urteil an ihr vollzogen.»

Die Reichen der Welt jammern, der Himmel hingegen jubelt – ja, der Gerechte freut sich der göttlichen Gerichte über alle Gottlosigkeit (vgl. Ps. 5,11+12; 48,11+12; 58,11; 137,9). Wo wollen wir am Ende stehen? Dort, wo man in ohnmächtiger Verzweiflung sein Entsetzen hinausheult, oder dort, wo man jubelt? Natürlich dort, wo man jubelt. Ist es dem Zufall überlassen, wo man steht? Hat der eine Glück und der andere Pech gehabt? Nein, man kann das Ende *vorher* wissen und sich vorher auf die richtige Seite stellen. Oder heisst es nicht, dass Gott «euer Urteil» an Babylon vollzogen hatte? Die Glaubenden hatten schon zuvor in ihrem Herzen, mit ihrem Mund und mit ihren Taten das babylonische System verurteilt; dazu ist ihnen – und auch uns – schliesslich zuerst *Gottes* Urteil über die Hure gezeigt worden, wie wir in 17,1 lasen. Sehen wir, wie wichtig es ist, Gottes Gedanken über die Mächte und Kräfte, die die Welt regieren, zu kennen? Und wie können wir sie anders kennenlernen als durch Sein Wort? Wie wichtig dann aber, uns durch beständiges Lesen und Studieren der Bibel die Sinne schärfen zu lassen (Hebr. 5,14). So und nicht anders werden wir durch Gottes Geist befähigt, die Geister zu unterscheiden (1. Kor. 12,10) und werden dann auch das Wesen der Hure, das Geheimnis der Gesetzlosigkeit, das sich seit den Tagen der Apostel beständig in der Christenheit regt (2. Thess. 2,7), mühelos durchschauen.

Wir lesen im Alten Testament von einem Geschehen, das ebenfalls sehr eindrücklich demonstriert, dass man auf der Seite des Siegers stehen muss, um am Ende zu den Lachenden (Ps. 126,1) zu gehören. Nach dem Tod Sauls war der Thron über Israel umkämpft: Sauls Sohn Isboset machte David die Krone streitig. Am Ende siegte David. Wir wären natürlich auf dessen Seite gestanden; schliesslich kennen wir den Ausgang des jahrelangen Ringens. Man hatte es aber bereits vorher wissen können: Gott hatte David zum König salben lassen. Das war bekannt (2. Sam. 5,2). Gott hatte auch vor ganz Israel demonstriert, dass David der von ihm erwählte Mann war, der Israel von den Philistern, ihren rohen Bedrückern, befreien konnte (1. Sam. 17 u. 18).

Nun hat aber Gott Davids grösseren Sohn, der zugleich Sein Sohn ist, zum König über die Erde bestimmt (Ps. 2,6). Gott hat das aller Welt sagen lassen (Matth. 28,18 + 19), damit man sich *hier und jetzt* auf dessen Seite stelle, sich zu seiner Gefolgschaft schlage und an dessen Seite kämpfe wie damals David mit seinen 400 Getreuen von der Höhle Adullam aus (1. Sam. 22,1 + 2). Ja, Gott lässt das Ende nicht über diese Zivilisation hereinbrechen, bevor nicht *allen Nationen* die frohe Botschaft von der Königsherrschaft Jesu Christi verkündigt worden ist (Matth. 24,14). Damit hat jeder die Möglichkeit, die richtige Seite zu wählen. Und stehen wir auf Seiner Seite, lassen wir uns nicht davon beeindrucken, dass die Grossen der Wirtschaft, Politik und Religion sich gegen Gottes Gesalbten auflehnen (Ps. 2,1 + 2) und seine kommende Herrschaft mit tausend «einleuchtenden Beweisen» wegzuerklären suchen. Vielmehr fragen wir nach den Absichten des wahren Königs, fragen nach Seinem Willen, leben um einzig Ihm zu gefallen und richten unser ganzes Leben darauf aus, dass die Gestalt dieser Welt, so verlockend und protzig sie sich gibt, vergeht (1. Kor. 7,31), und dass unser Herr ewig regieren wird und wir mit Ihm. Wie gross wird unser Jubel sein!

Die Uwiderruflichkeit
von Babylons Untergang (18,21–24)

«Und ein starker Engel hob einen Stein auf wie einen grossen Mühlstein und warf ihn ins Meer und sprach: Also wird Babylon, die grosse Stadt, mit Gewalt niedergeworfen und nie mehr gefunden werden. Und die Stimme der Harfensänger und Musiker und Flötenspieler und Trompeter wird nie mehr in dir gehört werden, und nie mehr wird ein Künstler irgendwelcher Kunst in dir gefunden werden, und das Geräusch des Mühlsteins wird nie mehr in dir gehört werden, und das Licht einer Lampe wird nie mehr in dir scheinen, und die Stimme des Bräutigams und der Braut wird nie mehr in dir gehört werden; denn deine Kaufleute waren die Grossen der Erde; denn durch deine Zauberei sind alle Nationen verführt worden. Und in ihr wurde das Blut von Propheten und Heiligen gefunden und von allen denen, die auf der Erde geschlachtet worden sind.»

Das Ende Babylons erinnert an Matthäus 18,6, wo ebenfalls von einem Mühlstein und vom Meer die Rede ist: «Wer irgend eines dieser Kleinen, die an mich glauben, ärgern wird, dem wäre nütze, dass ein Mühlstein an seinen Hals gehängt und er in die Tiefe des Meeres versenkt würde.» Wer Glaubenden ein Anstoss ist, wer ihnen Hindernisse in den Weg legt, wer Menschen daran hindert, zum Sohn Gottes zu kommen, dem soll solches widerfahren. Es kann kein Zufall sein, dass Babylons Ende just hiermit verglichen wird, denn es hat keine Organisation und keine Partei, keine Institution und keine Religion gegeben, die so viele Glaubende geschunden und gejagt und so vielen Menschen den Zugang zum ewigen Leben verbaut hat wie Babylon, die grosse Hure, die sich gerne die wahre Kirche Christi, die alleinseligmachende, nennt. Ihr gilt daher der Weheruf von Matthäus 23,13: «Wehe euch, Schriftgelehrte und Pharisäer, Heuchler, denn ihr verschliesst das Reich der Himmel vor den Menschen; denn ihr geht nicht hinein, noch lasst ihr die Hineingehenden eingehen.»

Beachten wir die sechsmalige Wiederholung dieses unerbittlichen «nie mehr»! Alles, was je das Herz und das Gemüt des Menschen hat erfreuen können, alles Lichtvolle, Harmonische, Liebliche, wird ewig schwinden. Das allein ist schon Hölle für den Menschen, der darin Gott ähnlich ist, dass er ein ästhetisches Wesen ist, das ohne Schönheit, Vielfalt, Harmonie in Klang, Bewegung, Farbe und Form so elend darbt wie ein Verhungernder. Alles Schöne, alles Liebliche, das wir mit unseren Sinnen erleben, rührt von Gott her. Alles Gute kommt von Ihm, alles Lichtvolle vom Vater der Lichter (Jak. 1,17). Er ist der Quell aller Schönheit, selbst Inbegriff aller Harmonie. Von Ihm getrennt sein, heisst daher von allem ewig getrennt sein, was Sinn und Gemüt froh stimmen kann. Wie schrecklich ist das! Ja, das ist die Hölle.

Wie krass widerspricht aber damit das göttliche Urteil dem Selbsturteil Babylons, die sich selbstsicher als Königin gewähnt hatte, die Traurigkeit nie sehen würde (Vers 7).

Zwei Gründe werden für das schreckliche Gericht genannt: Durch ihre *Zauberei* hatte sie die Nationen verführt. Sie hatte den Namen des Höchsten missbraucht, das Heiligste entweiht; daher ist ihr Gericht gerecht. Und sie hatte die Geliebten Gottes getötet. Wer sie aber antastet, tastet den Augapfel Gottes an (vgl. Sach. 2,8). Das ist für die Heiligen auch tröstlich. Wir lesen schon in 1. Mose 4,10, dass das Blut der Glaubenden, das von religiösen Menschen vergossen wird, zu Gott schreit. Er vergisst das nicht. Die an Seinen Heiligen verübten Gewalttaten wird Er rächen. So lesen wir in Psalm 9,12, dass Gott dem vergossenen Blut nachforscht.

Wenden wir das jetzt noch etwas weiter an: So wie wir hier lesen, dass Gott alles ungerecht vergossene Blut der Gläubigen ans Licht bringt, so lehrt die Bibel, dass jegliche von Menschen an Menschen verübte Gewalttat von Gott, dem absolut gerechten «Richter der ganzen Erde» (1. Mose 18,25), geahndet wird. Sonst müssten wir verzweifeln, wenn wir uns damit abzufinden hätten, dass brutale Tyrannen Tausende, ja Millionen von Menschen gequält, ausgehungert, gefoltert und ermordet haben, um sich dann mit einem Schuss durchs Gehirn aus dem Leben zu verabschieden. Wäre damit die Sache tatsächlich aus, wäre das Leben auf dieser Erde von solch monströser Ungerechtigkeit, von solch bodenlosem Zynismus, dass man tatsächlich folgern müsste, alles Leben sei sinnlos, ein absurder, oder schlimmer noch, böser Witz, der nur einem diabolischen Gehirn entsprungen sein könne. Als Hermann Göring vor das Nürnberger Tribunal geführt wurde, um als Kriegsverbrecher abgeurteilt zu werden, murmelte er vor sich hin: «Wenigstens dreizehn Jahre anständig gelebt.» Wenig später stieg er durch Selbstmord aus dem Leben. Wie dankbar müssen wir sein, dass diese dreizehn «anständig» verlebten Jahre vor Gott in der Waage des Heiligtums gewogen werden, und dass es vor diesem Gericht kein Entrinnen gibt. Es gibt Gerechtigkeit. Es ist ein Gott, der einem jedem vergilt, was seine Taten verdient haben. Wie trostvoll ist die von den hebräischen Propheten verkündigte Hoffnung: «Denn zur Gerechtigkeit wird zurückkehren das Gericht» (Ps. 94,15).

Kapitel 19

Das grosse Halleluja (19,1–5)

«Nach diesem hörte ich wie eine laute Stimme einer grossen Volksmenge in dem Himmel, welche sprach: Halleluja! das Heil und die Herrlichkeit und die Macht unseres Gottes! denn wahrhaftig und gerecht sind seine Gerichte; denn er hat die grosse Hure gerichtet, welche die Erde mit ihrer Hurerei verderbte, und hat das Blut seiner Knechte gerächt an ihrer Hand. Und zum anderen Male sprachen sie: Halleluja! Und ihr Rauch steigt auf von Ewigkeit zu Ewigkeit. Und die vierundzwanzig Ältesten und die vier lebendigen Wesen fielen nieder und beteten Gott an, der auf dem Throne sitzt, und sagten: Amen, Halleluja! Und eine Stimme kam aus dem Throne hervor, welche sprach: Lobt unseren Gott, alle seine Knechte, und die ihr ihn fürchtet, die Kleinen und die Grossen.»

In 18,20 war angesichts des Sturzes Babylons der Himmel aufgefordert worden, fröhlich zu sein und zu jubeln. Hier kommt der Himmel dieser Aufforderung nach. Eine grosse Volksmenge jubelt, weil Gottes Herrlichkeit im Gericht über die grosse Hure aufgestrahlt ist. Bis zum Vers 6 dieses Kapitels wird viermal das hebräische Wort *Hallelujah* gebraucht. Es kommt im Neuen Testament ausser hier *nie vor*. Daher sollten wir auch sehr sparsam mit diesem Wort umgehen, dies um so mehr, als es den Namen des Herrn enthält: *hallelu* bedeutet «lobt!», woran *jah* angehängt ist, das ist *Jahweh*, der Name des Ewigen.

Es werden uns die *Gründe* genannt, warum der Himmel jubelt: dreimal steht ein erklärendes «denn». Das zeigt uns, dass Anbetung immer begründet ist. Sie wird durch Erkenntnis des Wesens, der Wege und der Werke Gottes geweckt. Das ist sehr wichtig in einer Zeit, da immer mehr Christen heidnische Vorstellungen von Anbetung haben: Sie denken, anbeten heisse, sich in erhabene Gefühle hineinzusteigern, sich durch äusserliche Stimulantien wie entsprechende Musik, Händeklatschen, Tanzen usw. in eine besondere Stimmung hineinversetzen zu lassen. Das ist vollständig heidnisch. So dienen etwa Hindus oder muslimische Derwische ihren Göttern. Nicht aus Umständen oder Gefühlen, sondern von Gott selbst geht der Anstoss zur Anbetung aus: «Von dir kommt mein Lobgesang in der grossen Versammlung» (Ps. 22,25) und: «Von dir kommt alles und aus deiner Hand haben wir gegeben» (1. Chr. 29,14) bekennt David. Gott anbeten heisst, Ihm auf das, was Er gesagt und getan hat, mit unseren vernünftig und wissend formulierten Worten zu antworten. Dazu müssen wir aber zuerst Gott kennen, müssen wissen, wer Er ist und was Er getan hat. Daher kann nichts ausser der Beschäftigung mit Gott in Seinem Wort uns zur Anbetung bewegen und befähigen. So und nicht anders lernen wir, Gott in Geist und in Wahrheit anzubeten (Joh. 4,24), mit dem Geist und mit dem Verstand zu lobsingen (1. Kor 14,15).

Als ersten Grund für den Jubel lesen wir: «Denn wahrhaftig und gerecht sind seine Gerichte.» Beten wir Gott nicht an, weil Er gerecht gerichtet hat? Er hat Seinen Sohn an unserer Stelle gerichtet. Die vollkommen gerechte Strafe für all unsere Bosheit, Verlogenheit und Unreinheit lag auf Ihm. So ist Gottes gerechtes Gericht auch die Grundlage aller Heilsgewissheit. Wir könnten nie sicher sein, dass unsere Sünden tatsächlich vergeben sind, hätte Gott nicht das gerechte Strafmass dafür an Seinem Sohn verhängt. Und wir beten an, dass Er am Ende alle Gottlosigkeit, alles, was den Sohn Gottes und Sein unvergleichliches Werk geschmäht hat, richten wird.

«Ihr Rauch» ist der Rauch der grossen Hure. Er steigt auf von Ewigkeit zu Ewigkeit. Zu Gott aufsteigender Rauch spricht von der Befriedigung, die Gottes Liebe und Heiligkeit im Gericht erfährt. Von den Brandopfern stieg ein Rauch lieblichen Geruchs zu Gott auf (3. Mose 1,9): Im stellvertretenden Gericht des Opfers wurde Gottes Urteil über die Sünde und Gottes Liebe zu den Sündern vollkommen befriedigt (Eph. 5,2). Gottes Wesen wurde Genüge getan, Gott wurde geehrt. Was lernen wir hieraus, wenn wir dies auf das ewige Schicksal Babylons anwenden? Der von der gerichteten Hure aufsteigende Rauch lehrt, dass Gottes Heiligkeit im Blick auf die Sünde nur Genüge geschehen kann, wenn sie *ewig bestraft* wird. Das ewige Gericht über alle Unreinheit und Sünde ist der einzige Weg, auf dem ein heiliger Gott sich verherrlichen kann, wenn Er mit Sünde umgehen muss. Daher kann es keine Allversöhnung geben, daher muss die Pein ewig sein (Matth. 25,41+46). Der sündige, rebellische Mensch lehnt sich laut polternd dagegen auf; der

Heilige fällt gleich den vierundzwanzig Ältesten nieder und betet an. Hier begegnen wir übrigens den vierundzwanzig Ältesten zum letzten Mal. Wie beim ersten Mal (4,10) sehen wir, wie sie in Anbetung vor Gott niederfallen; dort vor dem Schöpfer, in Kapitel 5 vor dem Erlöser, hier endlich vor dem Richter.

Die Hochzeit des Lammes (19,6–10)

«Und ich hörte wie eine Stimme einer grossen Volksmenge und wie ein Rauschen vieler Wasser und wie ein Rollen starker Donner, welche sprachen: Halleluja! denn der Herr, unser Gott, der Allmächtige, hat die Herrschaft angetreten. Lasst uns fröhlich sein und frohlocken und ihm Ehre geben; denn die Hochzeit des Lammes ist gekommen und seine Frau hat sich bereitet. Und es ward ihr gegeben, dass sie sich kleide in feine Leinwand, glänzend und rein; denn die feine Leinwand sind die Gerechtigkeiten der Heiligen. Und er spricht zu mir: Schreibe: Glückselig, die geladen sind zum Hochzeitsmahle des Lammes! Und er spricht zu mir: Dies sind die wahrhaftigen Worte Gottes. Und ich fiel zu seinen Füssen nieder, ihn anzubeten. Und er spricht zu mir: Siehe zu, tue es nicht. Ich bin dein Mitknecht und der deiner Brüder, die das Zeugnis Jesu haben; bete Gott an. Denn der Geist der Weissagung ist das Zeugnis Jesu.»

Hier betet der Himmel wiederum an; diesmal, weil «der Herr unser Gott, der Allmächtige, die Herrschaft angetreten» hat. Und dieser Allmächtige, der die Herrschaft antritt, ist das Lamm, dessen Hochzeit bejubelt wird. Der Allmächtige wurde einmal Mensch, um als Lamm «in Schwachheit gekreuzigt» zu werden (2. Kor. 13,4). «Hochzeit» spricht doch von dem Tag, da zwei Menschen anfangen, in die tiefste Beziehung zueinander zu treten, die überhaupt möglich ist. Wenn nun die endliche Vereinigung der Braut des Lammes mit dem Bräutigam «Hochzeit» genannt wird, dann müssen wir doch daraus schliessen: Gott, der Schöpfer, der die Ehe ausgedacht und dem Menschen bereitet hat, wollte uns damit in der Schöpfung eine Idee, ein schwaches Abbild, davon geben, was Ihm selbst die innigst mögliche Gemeinschaft mit dem Menschen bedeutet. Dieser allmächtige Gott, von dem man denken müsste, dass Er doch so gross, so unnahbar, so vom Ergehen von uns armseligen Menschenkindern unberührt ist, dass wir nie in Seine Nähe kommen könnten, Er selbst hat das Buch der Offenbarung schreiben lassen. Wir finden darin Seine Gedanken. Es sind nicht unsere Gedanken, dass Er ein Mensch, ein Lamm geworden ist, und dass Er mit Seinen Erlösten die tiefst denkbare Gemeinschaft haben will.

Das Hochzeitsmahl des Lammes ist die Erfüllung der grossen Sehnsucht des Lammes. Bevor der Herr ans Kreuz ging und zum letzten Mal mit Seinen Jüngern das Passah feierte, sagte Er: «Mit Sehnsucht habe ich mich gesehnt, dieses Passah mit euch zu essen, ehe ich leide» (Luk. 22,15). Er nahm damit das grosse Mahl vorweg, von dem es nie mehr wie bei jenem Passahmahl ein schmerzvolles Auseinandergehen geben würde. Er sprach von jenem Tag, da Seine Sehnsucht gestillt sein würde: wenn «es erfüllt sein wird im Reiche Gottes» (Vers 16). Endlich ist der Tag der Erfüllung da. Sehnen wir uns nach diesem Tag? Der Herr hat sich noch mehr als wir danach gesehnt. In Johannes 2 lesen wir von einer Hochzeit, zu der der Herr geladen war. Sie fand «am dritten Tag» statt. Die Brautleute hatten also – selbstverständlich – die Tage gezählt, bis es endlich soweit war. Zählen wir nicht auch gewissermassen die Tage, fragen wir nicht oft: «Wie lange noch, Herr?» (vgl. Ps. 35,17). So gross unser Verlangen nach Ihm sein mag, Sein Verlangen nach uns ist grösser. Wie die Sulamitin gegenüber König Salomo können wir sagen: «Ich bin meines Geliebten, *und nach mir steht sein Verlangen*» (Hoh. 7,10).

Das Weib des Lammes «hat sich bereitet». Wie? Am Richterstuhl des Christus (2. Kor. 5,10). Dort hat der Herr jeden Erlösten in Sein Licht gestellt und alles geoffenbart, was dieser als Glaubender unterlassen oder begangen, aber nicht bereinigt hatte. Es wird im Leben eines jeden Christen noch Verschiedenes zu bereinigen geben, da wir alle in unserer Sündenerkenntnis zu oberflächlich bleiben. Wie dankbar dürfen wir sein, dass wir dann alles entsprechend dem alles durchdringenden Blick des gerechten Richters mit Ihm verurteilen und auf immer bereinigen dürfen. Wohl werden wir erschrecken ob der Bosheit, zu der wir auch als erlöste Menschen fähig waren, aber gleichzeitig werden wir die unfassbare Gnade um so tiefer bewundern, die all das getragen und getilgt hat. So werden wir vor dem Richterstuhl des Christus passend gemacht (Kol. 1,12) für das Vaterhaus (Joh. 14,2).

Es wurde der Braut gegeben, sich zu kleiden in weisse Leinwand, «denn die feine Leinwand sind die Gerechtigkeiten der Heiligen».

Mit «Gerechtigkeiten» sind gemeint die *gerechten Taten* der Gläubigen (vgl. Jak. 2,18 + 20). Was die Erlösten aus Liebe zu ihrem Herrn und aus Dankbarkeit für die Erlösung getan haben, wird der Herr öffentlich belohnen. Der Herr wird das, was Seine Gemeinde zu Seiner Ehre im Zeugnis für Ihn in einer Welt getan hat, die den Sohn Gottes hasst und verachtet, einst vor aller Welt kundtun. Er wird uns dafür, dass wir Ihm geglaubt, Ihm vertraut, Ihm nachgefolgt sind, öffentlich ehren. Wahrlich, der ist glückselig, der dieses Ziel vor Augen hat und an jenem Tag zu dieser Schar gehören wird.

Weil das Gesicht kommender Glückseligkeit so überwältigend ist, begreifen wir, dass Johannes vor dem Boten, der ihm solches verkündigt hat, niederfällt. Die Gefahr ist immer gross, dass man die Lehrer der göttlichen Wahrheiten anbetet anstatt den Urheber der göttlichen Wahrheiten. Und ist das nicht allzuoft im Lauf der Gemeinde Jesu Christi durch die Jahrhunderte geschehen, dass man oft genug den Lehrern der Gemeinde die Ehre gegeben hat, die allein dem Sohn Gottes zusteht? Wahrer, vom Geist Gottes gewirkter Dienst, führt hingegen dazu, dass die Glaubenden *Jesus* besser erkennen und von Ihm ergriffen werden; «denn der Geist der Weissagung ist *das Zeugnis Jesu*».

Das Erscheinen des Königs aller Könige (19,11–16)

«Und ich sah den Himmel geöffnet, und siehe, ein weisses Pferd, und der darauf sass, genannt Treu und Wahrhaftig, und er richtet und führt Krieg in Gerechtigkeit. Seine Augen aber sind eine Feuerflamme, und auf seinem Haupte sind viele Diademe, und er trägt einen Namen geschrieben, den niemand kennt, als nur er selbst; und er ist bekleidet mit einem in Blut getauchten Gewande, und sein Name heisst: Das Wort Gottes. Und die Kriegsheere, die in dem Himmel sind, folgten ihm auf weissen Pferden, angetan mit weisser, reiner Leinwand. Und aus seinem Munde geht hervor ein scharfes, zweischneidiges Schwert, auf dass er damit die Nationen schlage; und er wird sie weiden mit eiserner Rute, und er tritt die Kelter des Weines des Grimmes des Zornes Gottes, des Allmächtigen. Und er trägt auf seinem Gewande und auf seiner Hüfte einen Namen geschrieben: König der Könige und Herr der Herren.»

Der Himmel öffnet sich. Das, was nach materialistischem, rationalistischem Dogma nicht sein darf, geschieht am Ende doch. Der Himmel *ist*, unabhängig davon, ob man das gelten lässt oder nicht. Die Wirklichkeit kümmert sich nicht um die Theorien, die Menschen über sie anstellen. Und so ist unsere Welt nicht nur räumlich, sondern auch zeitlich begrenzt, weil Gott sie so gefügt hat. Sie hat einen Anfang, und sie hat ein Ende. Der jenseitige Gott wird am Ende aus Seiner Welt in diese hereinbrechen. Meinen wir, Er werde die Fürsten im Reich der Philosophie, der Religion, der Theologie, der Ökonomie usw. zuerst um Erlaubnis fragen? Wir sind die Toren, wenn wir uns gegen den Himmel auflehnen, die wir nicht einmal ein Gehirn hätten, das beständig Gedanken gegen die Wahrheit des göttlichen Wortes produziert, hätte der unsichtbare, jenseitige Gott es nicht geschaffen. Wir sind die Betrogenen. Der im Himmel thront, lacht unserer täppischen Anläufe gegen Ihn (Ps. 2,4; Spr. 1,26); aber eines Tages«wird er zu ihnen reden in seinem Zorn und in seiner Zornglut sie schrecken» (Ps. 2,5).

Er führt bei seinem zweiten Kommen Krieg, Seine Augen sind Feuerflammen, die alles verzehren, das sich Ihm widersetzt. Er trägt einen Namen geschrieben, den niemand kennt als nur Er selbst. Er ist in Seiner Person unauslotbar. Der Mensch als Geschöpf vermag den Schöpfer nie zu ergründen. In der Bibel drückt der *Name* den Charakter eines Menschen, einer Person aus. Das bedeutet, dass niemand die Tiefen Seiner Gottheit, das Geheimnis Seiner Person, der wahrer Gott und wahrer Mensch in einem ist, ergründen kann als nur Er selbst. Er ist Gott, und als solcher ist Er unumschränkt, ohne Ursache, ohne Herkunft, ohne Anfang, ohne Werden.

Und in Vers 13 werden wir wieder daran erinnert, dass dieser ewige Gott, der sich dem Zugriff des Geschöpfes entzieht, als Mensch unter uns gewesen ist, gelitten hat und in den Tod gegangen ist: Er ist bekleidet mit einem in *Blut* getauchten Gewand. Und wie heisst Sein Name? *Das Wort Gottes*. Er, der selbst das Wort ist (Joh. 1,1), kam, um alle Worte Gottes zu erfüllen. Weil Gott wahr, weil Sein Wort absolut zuverlässig ist, ist Er für uns in den Tod gegangen. Sein Tod am Kreuz ist die grosse Widerlegung der Lüge Satans, der im Garten unterstellt hatte, dass Gottes Wort nicht wahr sei. Jesus ging in den Tod und bewies damit, dass der Lohn der Sünde unausweichlich der Tod ist und bleibt; Er offenbarte damit aber auch, dass Gott wahrhaft Liebe ist und dem Menschen nichts vorenthält, sondern bereit ist, diesem mit dem Sohn auch alles zu schenken (Röm. 8,32). Und wenn Er zum zweiten Mal kommt, wird Er wiederum bestätigen, dass Gottes Wort wahr ist: Alle Gerichte, vor denen Sein Wort den Menschen gewarnt hat, werden den Menschen dann treffen; alle Verheissungen, die dasselbe Wort dem Glaubenden gegeben hat, werden in Erfüllung gehen.

Und Er kommt nicht allein. Die Kriegsheere, die Ihm folgen, sind gleich Ihm gekleidet. Kolosser 3,4 sagt: «Wenn Christus, unser Leben, geoffenbart werden wird, werdet *auch ihr mit ihm* geoffenbart werden in Herrlichkeit.» Er, der alles für uns getan hat, der uns so hilflose wie rebellische Menschen errettete, lässt uns an Seiner Herrlichkeit teilhaben. Womit haben wir das verdient? Aber damit nicht genug; Er legt sogar Wert darauf, uns vor aller Welt offenbar zu machen, wenn Er selbst erscheint.

Das Schwert aus dem Munde des Königs ist ebenfalls ein Hinweis auf Sein Wort (Hebr. 4,12). Dieses wird den Menschen richten, wie Er bereits bei Seinem ersten Kommen erklärt hatte (Joh. 12,48).

Auf Seiner Hüfte trägt Er den Namen geschrieben «Herr der Herren und König der Könige». Die Hüfte gilt als der Sitz der Manneskraft. Das lernen wir an der Geschichte Jakobs. Als Gott diesen Mann knicken musste, damit er endlich aufhöre, auf seine eigene Kraft zu setzen und stattdessen auf Gott und Seine Gnade zu vertrauen, fasste Er dessen Hüftgelenk an. Seither war Jakob ein gebrochener Mann (1. Mose 32,25 + 31). Steht der Name auf der Hüfte des Herrn, heisst das, dass Er jetzt nicht mehr allein im Geist im Herzen der Glaubenden regiert, sondern kommt, um mit unwiderstehlicher Gewalt Seine Herrschaft über alle Schöpfung aufzurichten.

Der König und die Könige
der Erde (19,17–21)

«Und ich sah einen Engel in der Sonne stehen, und er rief mit lauter Stimme und sprach zu allen Vögeln, die inmitten des Himmels fliegen: Kommt her, versammelt euch zu dem grossen Mahle Gottes! und fresst Fleisch von Königen und Fleisch von Obersten und

Fleisch von Starken und Fleisch von Pferden und von denen, die darauf sitzen, und Fleisch von allen, sowohl von Freien als Sklaven, sowohl von Kleinen als Grossen.»

Zwei Dinge sind hier wichtig. Wenn die Könige und Obersten nicht beerdigt, sondern von den Vögeln des Himmels gefressen werden sollen, dann ist das entsprechend alttestamentlichem Vorbild der Ausdruck dafür, dass sie bleibender Schande preisgegeben werden (1. Sam. 17,44 + 46). Wir sahen bereits in Kapitel 11, dass die Menschen den toten Zeugen des Herrn im kurzlebigen Gefühl ihres Triumphes die Beerdigung verweigerten, um sie dem öffentlichen Hohn preiszugeben. Wir lernen in diesem Gesicht entsprechend, dass der Mensch, der sich der Herrschaft des Königs aller Könige widersetzt hat, ewiger Schmach und Schande preisgegeben wird. Das ist genau das Gegenteil von dem, was wir im vorangegangenen Abschnitt lasen: Die Glaubenden haben Teil an der ewigen Herrlichkeit des Sohnes Gottes (vgl. Dan. 12,2).

Sodann beachten wir, wie das Wort «Fleisch» fünfmal wiederholt wird. Es erinnert daran, dass alle menschliche Kraft, aller menschlicher Genius – eben «Fleisch» – nichts vermag gegen Gott selbst (vgl. Jes. 31,1–3; Jer. 17,5; Ps. 20,7 + 8; 146,3 + 4; 147,10; Röm. 8,6–8).

«Und ich sah das Tier und die Könige der Erde und ihre Heere versammelt, Krieg zu führen mit dem, der auf dem Pferde sass, und mit seinem Heere. Und es wurde ergriffen das Tier und der falsche Prophet, der mit ihm war, der die Zeichen vor ihm tat, durch welche er die verführte, welche das Malzeichen des Tieres annahmen und die sein Bild anbeteten, – lebendig wurden die zwei in den Feuersee geworfen, der mit Schwefel brennt. Und die übrigen wurden getötet mit dem Schwerte dessen, der auf dem Pferde sass, welches Schwert aus seinem Munde hervorging; und alle Vögel wurden von ihrem Fleisch gesättigt.»

Das letzte, eitle Aufbegehren des durch die Sünde verfinsterten und von Satan verführten Menschen ist in seiner Torheit unfassbar. Aber Sünde macht den Menschen zum Toren (Ps. 14,1): Satan ist mit seinem Gefolge aus dem Himmel geworfen worden, nachdem er versucht hatte, Michael und dessen Engel zu überwinden (12,7). Hier stiftet er die Menschen an, gegen den Himmel selbst zu kämpfen, wie wir bereits in 16,13 + 14 + 16 lesen konnten. Das Ende der gegen den wiederkommenden Herrn versammelten Heere ist gewiss. Die Anführer, das Tier und der falsche Prophet, werden *lebendig* in den Feuersee geworfen, also ohne vorher im Gericht offenbar geworden zu sein (20,11–15; vgl. Ps. 55,15; Ps. 140,10), wie dies das Teil aller übrigen Menschen ist. Das zeigt die Ungeheuerlichkeit ihrer Bosheit. Damit werden sie in entgegengesetzter Weise aus allen übrigen herausgehoben, als es einst zwei geehrte Diener des Herrn geworden waren: Henoch und Elia sind die einzigen zwei Sterblichen, die *lebendig* in den Himmel aufgenommen wurden. Die übrigen Menschen werden getötet, um nach Ende der tausendjährigen Regierung des Messias vor dem grossen weissen Thron zu erscheinen, wo sie das Urteil ewiger Verdammnis aus dem Munde des Richters entgegenehmen werden.

Zum fünften Male in diesem Buch (nach 1,16; 2,12 + 16; 19,15) lesen wir vom richtenden Schwert, das aus dem Munde des Herrn hervorgeht. Das Wort wird die Menschen treffen wie ein Schwerthieb. Wenn das Wort Gottes als scharfes, zweischneidiges Schwert jetzt die Gläubigen prüft, ausforscht und überführt (Hebr. 4,12 + 13), wird es dann nicht auch so sein, dass es die gegen Gott rebellierenden Menschen schlagartig von der Wahrhaftigkeit und Gerechtigkeit (vgl. Joh. 16,10) des kommenden Königs und der Abscheulichkeit ihrer Auflehnung überführt wird? Sie werden – zu spät! – innewerden, dass ihr Gericht gerecht ist (Joh. 16,11). Und sie werden an ihrem Leib erfahren, dass dieses Wort nicht nur die sittlich zwingende Kraft der Wahrheit besitzt, sondern auch die schöpferische (Ps. 33,6) und zerschmetternde Kraft (Jer. 23,29) des Allmächtigen. Es wird kein Entrinnen geben.

Kapitel 20

Satan gebunden (20,1–3)

«Und ich sah einen Engel aus dem Himmel herniederkommen, welcher den Schlüssel des Abgrundes und eine grosse Kette in seiner Hand hatte. Und er griff den Drachen, die alte Schlange, welche der Teufel und der Satan ist; und er band ihn tausend Jahre, und warf ihn in den Abgrund und schloss zu und versiegelte über ihm, damit er nicht mehr die Nationen verführe, bis die tausend Jahre vollendet wären. Nach diesem muss er eine kleine Zeit gelöst werden.»

Nachdem wir im Kapitel 19 vom gerechten Gericht des wiederkommenden Sohnes Gottes über die gottlosen Lebenden gelesen haben (Verse 19–21), zeigt uns dieses Gesicht, wie nicht allein der Sünder, sondern auch der Urheber und Anstifter zu aller Sünde gerichtet wird. Satan war es gewesen, der die Menschen zur Rebellion gegen den Himmel gereizt hatte – was freilich den Menschen der Verantwortung für seine Auflehnung gegen seinen Schöpfer nicht enthebt. Dennoch muss in diesem Buch, das ja eine «Enthüllung» (1,1) ist, der Schleier des Sichtbaren, des sinnlich Wahrnehmbaren beiseite gezogen werden, damit der Blick frei wird für die verborgene Quelle des Geschehens.

Der Feind Gottes und des Menschen wird nun dahin geworfen, wo schon seine Dämonen nicht hinwollten: in den Abgrund (Luk. 8,31). Er muss daher durch einen göttlichen Engel gezwungen, in sein Gefängnis verbannt werden. Beachten wir, wie in diesem Abschnitt zum nunmehr zweiten Mal in diesem Buch (nach 12,9) der Widersacher mit seinen vier Namen genannt wird: Drache, alte Schlange, Teufel und Satan. Damit soll unterstrichen werden, dass alles Wirken des Bösen in all seinen Varianten der Bosheit endlich unterbunden sein wird.

Als «Drache» wird der Satan nur in diesem Buch bezeichnet. Er wird damit als der Verderber, der Zerstörer, der Mörder der Heiligen dargestellt, wie die verschiedenen Stellen belegen, wo das Wort gebraucht wird (12,4+7+13+17; 13,4+7; 16,13+14). Die «alte Schlange» ist der Lügner, der mit seiner Lüge unsere Ureltern zu Ungehorsam gegen ihren Schöpfer verleitete (1. Mose 3,1) und der mit seiner List die Glaubenden ebenso zu verführen sucht (Eph. 6,11; 2. Kor. 11,3). Der «Teufel» ist der Verleumder und Zerwürfnisstifter, der Verkläger (12,10), der damit die Gläubigen von Gott und voneinander entfremdet. «Satan» ist der Feind als Widersacher. Das zugrundeliegende hebräische Wort bedeutet «sich widersetzen; trotzen». Er widersetzt sich Gott und seinen Absichten und verleitet den Menschen dazu, sich ebenso wider seinen Gott zu stemmen.

Welche Befreiung wird das für die Menschen bedeuten, wenn endlich dieser heimtückische Verderber gebunden ist und er sie nicht mehr verführen kann, wenn er sie nicht mehr anstiften kann, Gott zu misstrauen! Wie glücklich wird der Mensch sein, wenn er endlich Gott freudig und vertrauensvoll unterworfen und von seinem gütigen Schöpfer vollkommen abhängig ist! Sein Friede wird wie ein Strom (Jes. 48,18), seine Freude wie ein sprudelnder Quell sein.

Die erste Auferstehung (20,4–6)

«Und ich sah Throne; und sie sassen darauf, und es wurde ihnen gegeben, Gericht zu halten; und die Seelen derer, welche um des Zeugnisses Jesu und um des Wortes Gottes Willen enthauptet waren, und die, welche das Tier nicht angebetet hatten, noch sein Bild, und das Malzeichen nicht angenommen hatten an ihre Stirn und an ihre Hand, und sie wurden lebendig und kamen zur Herrschaft mit dem Christus tausend Jahre. Die übrigen Toten wurden nicht lebendig, bis die tausend Jahre vollendet waren. Dies ist die erste Auferstehung. Glückselig und heilig, wer teilhat an der ersten Auferstehung! Über diese hat der zweite Tod keine Gewalt, sondern sie werden Priester Gottes und des Christus sein und mit ihm herrschen tausend Jahre.»

Dreimal ist in diesem Kapitel nun die Zeitangabe von tausend Jahren gefallen. Erstmals wird damit gesagt, wie lange die von den alttestamentlichen Propheten angekündigte Herrschaft des Messias über *diese* Schöpfung dauern wird. Man spricht daher auch vom «Tausendjährigen Reich», oder lateinisch vom *Millennium*. Vergleichen wir Vers 3 mit Vers 6, wird deutlich, dass die Herrschaft der Heiligen mit Christus über diese Schöpfung so lange dauert wie die Verbannung des Teufels. Während dieser gebunden ist, regiert Christus mit Seinen Heiligen. Sobald er aus seinem Gefängnis losgelassen wird, erheben sich die Menschen erneut wider diese Herrschaft.

In diesen Versen 4–6 wird der Lohn beschrieben, den Gott denen gibt, die sich anders als die grosse Masse der Menschheit nicht verführen liessen, Gott zu trotzen, sondern sich Ihm und der Herrschaft Seines Sohnes unterordneten. Sie vertrauten Gott, sie glaubten Ihm und nicht der Lüge; und wer sich so vor Gott gedemütigt hat – denn an Gott glauben, heisst vor Ihm bekennen, dass man ohne Ihn nichts kann und nichts ist – den wird Gott erhöhen (1. Petrus 5,6). Lesen wir hier nicht von «Thronen»? Wer bereit war, von

seinem Thron herabzusteigen und sich vor dem Thron Gottes nie-
derzuwerfen, den wir der Sohn Gottes erhöhen und auf Seinem
Thron sitzen lassen (3,21). Wer vor Gott bekannt hat, dass Er Herr
und König sei, den wird Gott zur Herrschaft mit Seinem Sohn erhöhen. Er wird darum genau das bekommen, was der ungläubige
Mensch eigenmächtig an sich reissen wollte.

Wenn die Erlösten mit Christus die Herrschaft antreten, kommen sie zu ihrer wahren Schöpfungsbestimmung; denn der Mensch
wurde geschaffen, um über diese Schöpfung zu herrschen (1. Mose
1,26). Dann lesen wir, dass sie dem Tod ewig entrinnen und zu ewigem, unvergänglichem Leben auferstehen. Das ist die andere, im
Schöpfungsbericht genannte Bestimmung des Menschen. Er ist
zum Leben geschaffen. Durch die Sünde verlor der Mensch sowohl
die Herrschaft als auch das Leben; er wurde ein Sklave der Sünde
und verfiel dem Tod (Joh. 8,34; Hebr. 2,14). Durch den Glauben
kommt er erst zu seiner wahren Bestimmung, wie es in Vers 4 ganz
prägnant zusammengefasst wird: «Sie kamen zum Leben und zur
Herrschaft» (so müsste man das Griechische sinngemäss übersetzen).

Beachten wir den Ausdruck «mit Christus». Diese zwei Wörter
umfassen das Wesen der gesamten christlichen Heilslehre. Christentum ist biblisch gesprochen nichts anderes als mit Christus verbunden zu sein. Nach Römer 6 sind wir «mit ihm» gekreuzigt, begraben
und auferstanden; nach Epheser 2 sind wir «mit ihm» erhöht. Nach
1. Thessalonicher 4 werden wir allezeit «bei ihm» sein. Nach 1. Johannes 3 werden wir einst so sein, wie er ist. Nach 1. Korinther 15
sind die «Himmlischen», das sind die Glaubenden, so wie der
«Himmlische», das ist Christus. Nach Johannes 20 ist der Gott Jesu
Christi auch der Gott der Glaubenden, ist dessen Vater auch der
Glaubenden Vater. Das und nichts Geringeres ist Christentum.

Wer hat Teil an der «ersten Auferstehung»? Wir lesen in Vers 4:
die Märtyrer der grossen Drangsalszeit. Sie verloren durch den Tod
zwar ihren Anteil an den Segnungen des messianischen Friedensrei-
ches, werden dafür aber von Gott mit Höherem belohnt: Sie dürfen
als *Auferweckte* mit Christus herrschen, also mit Ihm jenes herrliche Reich *verwalten und regieren,* und das ist mehr als es «lediglich» als Untertan zu geniessen. So ist es denn unmöglich, dass wir
aus Treue Gott gegenüber irgend Verlust erleiden können (Ps.

84,12); in der Zeit mögen wir wie die Verlierer aussehen, in der Ewigkeit werden wir mit unvergleichlich Grösserem belohnt, als wir je hienieden aufgeben konnten (vgl. Röm. 8,18; 2. Kor. 4,17).

Zur «ersten Auferstehung» gehört auch die Entrückung der christlichen Gemeinde, die den in diesem Buch beschriebenen Gerichten freilich vorangehen wird (1. Kor. 15,51–55; 1. Thess. 4,13–18; Phil. 3,20+21).

Der letzte Aufstand Satans (20,7–10)

«Und wenn die tausend Jahre vollendet sind, wird der Satan aus seinem Gefängnis losgelassen werden und wird ausgehen, die Nationen zu verführen, die an den vier Ecken der Erde sind, den Gog und den Magog, sie zum Krieg zu versammeln, deren Zahl wie der Sand des Meeres ist. Und sie zogen herauf auf die Breite der Erde und umzingelten das Heerlager der Heiligen und die geliebte Stadt; und Feuer kam von Gott hernieder aus dem Himmel und verschlang sie. Und der Teufel, der sie verführte, wurde in den Feuer- und Schwefelsee geworfen, wo sowohl das Tier ist als auch der falsche Prophet; und sie werden Tag und Nacht gepeinigt werden von Ewigkeit zu Ewigkeit.»

Die tausend Jahre werden ein Ende haben; das bedeutet, dass man die Zahlenangabe wörtlich auffassen muss und nicht etwa als einen symbolischen Ausdruck für eine endlose Periode der Glückseligkeit. Sobald der Satan aus seinem Kerker entlassen wird, geht er aus, die Menschen erneut zu verführen. Das zeigt, dass er unfähig ist, sich zu bessern. Er ist seinem Wesen nach unveränderlich böse, weshalb er auch ewig gerichtet werden muss. Aber was zeigt uns dieses Geschehen über den Menschen? Was wird er nach tausend Jahren einer vollkommenen Regierung, die unvorstellbare Wohlfahrt, Glückseligkeit, Frieden und Wonne gebracht hat, tun? Wird er aus Dankbarkeit Seinem Herrn und Schöpfer gegenüber diesem letzten Anlauf Satans trotzen?

Weit gefehlt! Die erste Gelegenheit der Verführung, die sich ihm bietet, ergreift er sofort. Eigentlich hätten wir erwartet, dass die Menschen sich auf eine lange Geschichte der Sünde, der Gewalttat, der Kriege, der Bedrückungen und Übervorteilungen, der Verlogenheit und der Tücke, der Zerstörung und der Quälereien besonnen hätten, um dem Teufel zu widerstehen und zu sagen, sie wollten nicht mehr unter die Fuchtel des Fürsten dieser Welt; sie hätten jetzt die Güte und Freundlichkeit ihres Schöpfers, das Glück Seines Regiments genossen. Aber nein! Sie reichen dem Teufel erneut die Hand zum Bunde. Damit wird das Ende des Millenniums zum letzten Beweis – wenn es nach Jahrtausenden der bisherigen Menschheitsgeschichte noch eines Beweises bedurfte – dass der Mensch notorisch böse ist. Hätte er auch nur die Spur eines guten Kerns, dann hätte dieses Gute jetzt zum Durchbruch kommen müssen. Es ist aber, wie Paulus bereits verzweifelt ausgerufen hatte, «nichts Gutes» im Fleische (Röm. 7,18). Es *vermag nicht* Gott untertan zu sein (Röm. 8,7). Die menschliche Natur ist nicht renovier- oder reformierbar. Daher müssen wir ja, wollen wir das Reich Gottes sehen, von neuem geboren werden (Joh. 3,3 + 5; 2. Kor. 5,17); und daher hat Gott unsere alte Natur, die Sünde im Fleisch im Kreuzestod Jesu Christi *gerichtet* (Röm. 8,3). Der Mensch hatte sich während der Herrschaft des Messias nur deshalb nicht gegen die Herrschaft Christi aufgelehnt, weil der Satan gebunden war, und weil er die Herrlichkeit des Sohnes Gott sah. Die adamitische Natur bricht daher durch, sobald der Satan sie wieder anspricht.

Der Hass des Teufels und der von ihm angeführten Menschen richtet sich erneut gegen die Heiligen Gottes: Sie umzingeln das Heerlager der Heiligen (vgl. 4. Mose 1 und 2). Diesmal antwortet der Himmel unverzüglich, denn der Mensch muss nicht mehr erprobt werden; zudem sündigt er jetzt nicht mehr unwissend, sondern sehenden Auges und mit erhobener Hand. Daher lässt Gott dem Menschen keine Gnadenfrist mehr. Er stürzt augenblicklich ins Verderben. Auch der Teufel ist damit endlich am Ende seiner unseligen Laufbahn angelangt. Nur ewige Pein kann seine gerechte Strafe sein.

Der grosse weisse Thron (20,11–15)

«Und ich sah einen grossen, weissen Thron, und den, der darauf sass, vor dessen Angesicht die Erde entfloh und der Himmel, und keine Stätte wurde für sie gefunden. Und ich sah die Toten, die Grossen und die Kleinen, vor dem Throne stehen, und Bücher wurden aufgetan; und ein anderes Buch ward aufgetan, welches das des Lebens ist. Und die Toten wurden gerichtet nach dem, was in den Büchern geschrieben war, nach ihren Werken. Und das Meer gab die Toten, die in ihm waren, und der Tod und der Hades gaben die Toten, die in ihnen waren, und sie wurden gerichtet, ein jeder nach seinen Werken. Und der Tod und der Hades wurden in den Feuersee geworfen. Dies ist der zweite Tod, der Feuersee. Und wenn jemand nicht geschrieben gefunden wurde in dem Buch des Lebens, so wurde er in den Feuersee geworfen.»

Wer vor diesem Gericht erscheinen muss, wird ohne Ausnahme dem «zweiten Tod» verfallen. Das beweist unwiderlegbar, dass nur solche, die nicht durch den Glauben an den Sohn Gottes eine neue Geburt erlebt und damit ewiges Leben empfangen haben, in dieses Gericht kommen. Als der Sohn Gottes verhiess: *«Wer mein Wort hört und glaubt dem, der mich gesandt hat, kommt nicht ins Gericht, sondern er ist aus dem Tod ins Leben hinübergegangen»* (Joh. 5,24), verhiess er Schonung vor diesem Gericht.

Es ist wichtig, dass wir das Zeugnis der Bibel ernst nehmen. Wer ohne Christus stirbt, wird in den Feuersee geworfen. Von diesem sagt der Sohn Gottes selbst, dass sein Feuer nicht erlösche (Mark. 9,43–48). Die ungläubige Seele wird also nicht etwa aufgelöst oder vernichtet; nein, hier auferstehen Menschen im Leib «zu *ewigem* Abscheu» (Dan. 12,2). Der Rauch ihrer Qual steigt auf von Ewigkeit zu Ewigkeit (14,11). Das ist so erschütternd, das ist so ernst, dass wir es nicht unterschlagen oder uminterpretieren dürfen; vielmehr sollen wir auch aus diesem Grund den Menschen das Evangelium verkünden. Paulus sagt: «Da wir den Schrecken des Herrn kennen, überzeugen wir die Menschen» (2. Kor. 5,11).

Wenn das Buch des Lebens aufgeschlagen wird, dann heisst das nicht, dass der Richter zuerst nachlesen muss, ob der vor ihm Stehende dort aufgeführt sei oder nicht. Nein, der Mensch selbst muss davon überzeugt werden, dass sein Name nicht im Buch des Lebens steht. Im Licht Gottes – daher sieht Johannes einen «grossen *weissen* Thron» – wird er auch wissen warum. Wie schrecklich ist es, wenn er nach Jahren und Jahrzehnten, in denen er die Sünde beschönigte und die Schuld verdeckte, erlebt, was ein Mose einst erlebte: «Du hast unsere Ungerechtigkeiten vor dich gestellt, unser verborgenes Tun vor das Licht deines Angesichts» (Ps. 90,8). Wie unerträglich ist das, wenn es zu spät ist! Er hat den Sohn Gottes verworfen, er hat das Blut des Lammes, das seine Schuld getilgt hätte, für gemein geachtet (vgl. Hebr. 10,29). Und jetzt werden aus den

Büchern die Werke des Menschen präsentiert. Es muss unerträglich sein, in der Gegenwart Gottes alles vor sich zu sehen, was man sein Leben lang geleistet hat. Alles würde ein Mensch geben, wenn seine Taten vor dem Angesicht dessen, vor dem Himmel und Erde entfliehen, zugedeckt wären! Nicht nur Untaten, auch vermeintliche Wohltaten werden dann als das erscheinen, was sie sind (Jes. 64,6). Durch den Richter überführt, wird der Mensch sein Urteil annehmen und bekennen, dass es vollkommen gerecht ist. Er wird die Knie beugen und bekennen müssen, dass der von ihm in eine Ecke gedrängte oder geschmähte Jesus Christus wahrhaftig Herr ist (Phil. 2,11). Und dann wird er als ein um seine Schuld vollkommen Wissender in den Feuersee geworfen werden. Wie unerträglich ernst ist das! Vergessen wir nicht, dass es uns der Gott, der Liebe ist, gesagt hat. Er ist Liebe, immer, auch wenn Er richten muss. Und aus Liebe hat Er uns die Wahrheit enthüllt. Oder meinen wir, der Herr Jesus liebe uns nicht? Und doch hat auch Er wiederholt und unmissverständlich gelehrt, dass der Mensch, der nicht an Ihn glaubt, *ewig verloren ist.* «*Wer an den Sohn Gottes glaubt, hat das ewige Leben, wer aber dem Sohn nicht glaubt, wird das Leben nicht sehen, sondern der Zorn Gottes bleibt auf ihm*» (Joh. 3,36). «Dann wird er auch zu denen zur Linken sagen: Geht von mir, Verfluchte, in das ewige Feuer, das bereitet ist dem Teufel und seinen Engeln» (Matth. 25,41). Wir wollen das daher ohne Abstriche glauben und verkünden. Manchmal muss man genau das den Menschen sagen, damit sie umkehren und nicht ins Geschoss rennen (Hiob 33,18; 36,12).

Kapitel 21

Der neue Himmel und die neue Erde (21,1–8)

«Und ich sah einen neuen Himmel und eine neue Erde; denn der erste Himmel und die erste Erde waren vergangen, und das Meer ist nicht mehr. Und ich sah die heilige Stadt, das neue Jerusalem, aus dem Himmel herniederkommen von Gott, bereitet wie eine für ihren Mann geschmückte Braut. Und ich hörte eine laute Stimme aus dem Himmel sagen: Siehe, die Hütte Gottes bei den Menschen! Und er wird bei ihnen wohnen, und sie werden sein Volk sein, und Gott selbst wird bei ihnen sein, ihr Gott. Und er wird jede Träne von ihren Augen abwischen, und der Tod wird nicht mehr sein, noch Trauer noch Geschrei noch Schmerz wird mehr sein; denn das Erste ist vergangen. Und der auf dem Throne sass, sprach: Siehe, ich mache alles neu. Und er spricht zu mir: Schreibe, denn diese Worte sind gewiss und wahrhaftig. Und er sprach zu mir: Es ist geschehen. Ich bin das Alpha und das Omega, der Anfang und das Ende. Ich will dem Dürstenden aus der Quelle des Wassers des Lebens geben umsonst. Wer überwindet, wird dieses ererben, und ich werde ihm Gott sein, und er wird mir Sohn sein. Den Feigen aber und Ungläubigen und mit Greueln Befleckten und Mördern und Hurern und Zauberern und Götzendienern und allen Lügnern – ihr Teil ist in dem See, der mit Feuer und Schwefel brennt, welches ist der zweite Tod.»

Mit diesem Abschnitt fahren wir *chronologisch* fort mit den heilsgeschichtlichen Ereignissen, die von Kapitel 19 an so aufeinander folgen:

Die Wiederkunft des Königs der Könige auf die Erde (19,11–16); das Gericht der Lebendigen (19,17–21); die tausendjährige Verbannung Satans (20,1–3); die erste Auferstehung und das Tausendjährige Reich (20,4–6); der letzte Aufstand Satans am Ende des Tausendjährigen Reiches (20,7–10); das letzte und ewige Gericht (20,11–15). An dieses Letztgenannte schliesst sich unmittelbar der in 21,1–7 geschilderte Zustand der Ewigkeit, das ist die verherrlichte Neuschöpfung, an. Ab 21,8 wird Johannes zeitlich dann wieder zurückgehen und ausführlich die Herrlichkeit des Tausendjährigen Reiches beschreiben.

Stichwort vorliegender Verse ist das Wort «neu». Die neue Schöpfung ist die zweite Schöpfung (Vers 4). Wir lernen hieran, dass das Zweite, das Neue, weit besser ist als das Erste. Das ist eine heilsgeschichtliche Grundwahrheit: Der zweite Mensch ist herrlicher als der erste (1. Kor. 15,47). Der zweite, der Gnadenbund, ist ebenfalls besser als dessen früheres Gegenstück, der Gesetzesbund (Hebr. 8,6). So wird auch das himmlische Paradies (Off. 2,7) weit herrlicher sein als das irdische, aus dem Adam vertrieben wurde.

Dass das Zweite, das Nachkommende, besser ist als das Ursprüngliche oder Erste, wollte Gott dem Menschen im Lauf der

Heilsgeschichte immer wieder zeigen. So müssen im 1. Mosebuch die dort geschilderten Familien wiederholt erfahren, dass der Erstgeborene, auf den sie naturgemäss ihre Hoffnungen konzentriert hatten, vor dem Nachgeborenen zurücktritt: Abel, der Jüngere, ist vorzüglicher als Kain; Isaak, der Zweitgeborene, erwählt vor Ismael; Jakob wird von Gott über Esau, den Erstgeborenen, gestellt; der sterbende Patriarch segnet Ephraim, den jüngeren der beiden Söhne Josephs, vor Manasse. David, der Jüngste, wird dem Erstgeborenen Isais vorgezogen. Von Hiob lesen wir, dass Gott sein Ende mehr segnete als seinen Anfang. Das erste Zeichen, das der Herr tat, war die Wandlung von Wasser zu Wein. Dabei wird einmal mehr hervorgehoben, dass das Zweite besser ist als das Erste (Joh. 2,10). So gilt auch für die Erlösung: Was Gott in der Erlösung tut, ist grösser als das, was Er in der Schöpfung tat. Die auf der Erlösung und durch Christi Blut mit Gott versöhnte neue Schöpfung (Kol. 1,20) übertrahlt die erste an Herrlichkeit. Auf unseren ersten Leib, den Leib der Niedrigkeit, folgt in der Auferstehung ein Leib der Herrlichkeit (1. Kor. 15,42 + 43; Phil. 3,20). Dieser wird dem des zweiten Menschen gleich sein, der wiederum weit herrlicher ist als der erste (1. Kor. 15,47).

Das zeigt uns, dass Gott, der Schöpfer, das ungeheure Problem, die Sünde, die in Seine Schöpfung eingebrochen war, nicht allein gelöst hat, sondern das darüber hinaus auf einem solchen Weg getan hat, dass der Mensch in der Erlösung Höheres empfängt, als er durch die Sünde verloren hatte. Wenn wir das bedenken, können wir nicht anders als niederfallen und mit einem Paulus bekennen: «O Tiefe des Reichtums sowohl der Weisheit als auch der Erkenntnis Gottes! Wie unausforschlich sind seine Gerichte und unausspürbar seine Wege!» (Röm. 11,33). Was ist das doch für ein Gott, der so handelt, der Böses am Ende zu Gutem zu führen vermag (Röm. 8,28; 1. Mose 50,20)!

Die heilige Stadt wird verglichen mit einer Braut. Die verherrlichte Gemeinde – denn diese ist mit der Stadt und der Braut gemeint – wird mithin von zweierlei bestimmt sein: Von Heiligkeit und Liebe. Das sind die beiden sittlichen Wesenszüge Gottes, die Seinen Charakter vollkommen umfassen: «Gott ist Licht» (1. Joh. 1,5) – das ist absolute Heiligkeit – und «Gott ist Liebe» (1. Joh. 4,16). Aus diesen beiden lassen sich alle weiteren sittlichen Eigenschaften Gottes herleiten. Es wird also das himmlische Jerusalem, das ist die Gemeinde, vollkommen vom Charakter ihres Herrn selbst geprägt sein. Sie wird uneingeschränkt die unendliche Liebe und die Heiligkeit Gottes widerspiegeln, und das heisst nichts anderes, als dass sie *die Herrlichkeit Gottes* hat (Vers 11). Wie herrlich wird diese Stadt, wie unsagbar beglückend diese Gemeinschaft sein, wenn nichts als Wahrheit und Liebe alle Beziehungen regiert! Doch davon später mehr.

Wenn die Gemeinde die Wesenszüge ihres Herrn hat, dann passt sie vollkommen zu Ihm. Endlich hat der Herr nun das empfangen, was Seinem Wesen entspricht und Seine Sehnsucht stillen kann. Es ist wie damals im Garten Eden, als Adam, der ein Bild auf Christus ist (Röm. 5,14), niemand hatte, der zu ihm passte. Das stellte er fest, nachdem Gott alle Tiere an ihm vorbeigeführt und er einem jeden seinen Namen gegeben hatte. Als Adam den Tieren Namen gab, zeigte er, dass er genau verstand, welchen Platz das jeweilige Geschöpf in Gottes Schöpfung einnahm. Aber nichts war dagewesen, mit dem sich Adam selbst hätte identifizieren können, bis Gott aus seiner Rippe, aus seinem Wesen und seiner Substanz, die Frau schuf. Als er diese sah, rief er beglückt aus: «Endlich Gebein von meinem Gebein und Fleisch von meinem Fleisch!» Endlich hatte er ein vollkommenes Gegenüber, mit dem er innige Gemeinschaft haben und mit dem er einswerden konnte. Das alles ist nun, wie Paulus in Epheser 5,31+32 ausdrücklich sagt, ein *Bild auf Christus und seine Braut.* So wie damals Adam vor Wonne aufjauchzte, als er seine Frau sah, wird Christus, der in Seinem Tod der letzte Adam war, frohlocken, wenn Ihm endlich Seine geliebte Braut zugeführt wird (Jud. 24). Endlich ein Gegenüber, das Ihn vollkommen befriedigt, weil es Ihm gleich ist (1. Joh. 3,3).

Gott wohnt dann bei den Menschen. Anstatt der Feindschaft (Kol. 1,21), welche die Sünde in die Welt gebracht hatte, findet der Mensch wieder Gemeinschaft. Und ist es nicht schön, dass hier steht «die Hütte» und nicht «der Palast» Gottes? Ein Palast schafft Distanz, eine Hütte traute Nähe. Gott wird der erlösten Menschheit nicht wie ein unnahbarer Grosskönig sein, in dessen Gegenwart man die Augen nicht aufzuschlagen wagt. Vielmehr wird Er so zugänglich, den Erlösten so nahe sein, wie wir es uns jetzt noch nicht vorstellen können. Daher heisst es hier «Hütte» oder «Zelt». Natürlich soll das auch an das Zelt der Zusammenkunft erinnern wie auch an die Menschwerdung Gottes, als das Wort Fleisch wurde und «seine Hütte unter uns hatte», wie man Johannes 1,14 wörtlich übersetzen sollte.

Er wird alle Tränen von unseren Augen abwischen; denn der Tod und alles, was mit dem Tod zusammenhängt – Schmerz, Geschrei und Trauer – wird auf immer entschwinden und von Leben und Glückseligkeit verschlungen werden. Gott schuf den Menschen zum Leben. Obwohl es nicht leicht ist, Leben zu definieren, kann man es ganz sicher als *Gemeinschaft* und damit auch als eine Summe von Beziehungen darstellen. Das lehrt uns der Schöpfungsbericht. In 1. Mose 2, wo uns die Erschaffung und das Leben Adams beschrieben werden, wird eine ganze Reihe von Beziehungen genannt, in denen er stand, Beziehungen, die ihn zutiefst befriedigten und beglückten: Beziehung zu seinem Schöpfer, Beziehung zu seiner Frau, Beziehung zu den Tieren, zum Erdboden, zu den Pflanzen, zur Arbeit. Alles von Gott gegebene, den Menschen beglückende Beziehungen. Das ist Leben. Die Sünde hat alle diese Beziehungen, und zwar samt und sonders, zerstört, so dass alles auseinanderfällt. Und das ist nichts anderes als Tod. Seither sind diese Beziehungen nur zu oft bedrückend, beängstigend, bitter, frustrierend. In der neuen Schöpfung wird aber kein Tod mehr sein! Dann wird der Mensch in all diesen Beziehungen stehen, die nie mehr gestört, angegriffen oder zerrissen werden.

Die Verse 5 und 6 bezeugen die Zuverlässigkeit der Worte Gottes. Der auf dem Throne sitzt, der höchste und alles entscheidende Wille im Universum, wird alles neu machen. Wir folgen keinen Mythen, träumen nicht von einem Wolkenkuckucksheim, einem in rosige Farben getauchten dermaleinst anbrechenden Paradies, das unser Gehirn in fiebriger Schwärmerei ausgebrütet hat. Nein, als absolut nüchterne und realistisch kalkulierende Menschen verlassen wir uns auf das Zeugnis dessen, der als einzige Person im ganzen Universum uneingeschränkt glaubwürdig ist.

«Diese Worte sind gewiss und wahrhaftig.» Glauben wir das? Ist es nicht so, dass wir oft noch den Eindruck haben, die mit den Augen und Ohren wahrnehmbare und messbare Welt sei die eigentliche Welt, sei die eigentliche Wirklichkeit, und alles andere sei nebulös und ungewiss? Dabei ist es umgekehrt: Gott und Sein Wort ist in einem höheren Sinn wirklich all das, was wir mit unseren Sinnen wahrnehmen. Wie denn? Es war ja zuerst, das Wort war, bevor die Welten entstanden. Gott und Sein Wort ist ewig, die Welt, die wir wahrnehmen, ist aber vergänglich. Diese ist zwar auch wirklich, und das erfahren wir schmerzlich genug. Sie ist nicht etwa «Illusion», wie die Hindus sagen. Aber sie ist nur in einem abgeleiteten, in einem untergeordneten Sinn wirklich. In Psalm 119,89 steht: «In Ewigkeit steht dein Wort fest in den Himmeln.» Damit ist Gott und Sein Wort, der Himmel, wo Gott wohnt, die einzige ewige und unveränderliche und darum höchste Wirklichkeit. Ist es dann nicht mehr als vernünftig, mit dieser in erster Linie zu rechnen und für diese in erster Linie zu leben? Paulus kann sagen: «Wir schauen nicht das an, was man sieht, sondern das, was man nicht sieht; denn das was man sieht, ist zeitlich, das aber, was man nicht sieht, ewig» (2. Kor. 4,18). Wer es ihm gleichtut, ist wahrhaft kein wirklichkeitsfremder Träumer; wer es aber nicht tut, der ist ein Blinder und ein Tor (Ps. 14,1).

Der Vers 6 sagt uns, worin in besonderer Weise die neue Schöpfung herrlicher ist als die alte. Wir lesen, dass Gott dem Dürstenden das Wasser des Lebens «umsonst» gibt. Das heisst aus Gnade, unverdient. Gott gibt es nicht, weil Er dazu durch unser Tun oder durch unsere Eigenschaften bewegt worden wäre; nein, Sein Tun ist gänzlich in Ihm begründet, durch Seinen Charakter und Willen motiviert. Das gilt für die Schöpfung wie für die Erlösung. Die Gabe ist daher frei und bedingungslos. Und wer zu Gott kommt und dieses Wasser des Lebens frei und bedingungslos entgegennimmt, den wird *nie mehr dürsten*, der wird nie mehr vom ewigen Leben abgeschnitten werden, wird nie mehr wie einst Adam im Paradies abfallen. Adam konnte daher fallen, weil er nur so lange im Paradies bleiben durfte, als er gehorsam war. Das war die Bedingung, der er genügen musste. Als er versagte, verlor er die Wonne des Paradieses. Adam wurde in eine vollkommene Schöpfung hineingestellt, und in ihr musste er sich bewähren. In der Erlösung ist es anders. Wir werden durch die neue Geburt in eine neue Schöpfung hineingestellt, in der Gott alles für uns getan hat, und in der darüber hinaus Gott selbst dafür verbürgt, dass wir nie aus ihr verstossen werden. Dazu nämlich ist uns Jesus Bürge eines besseren Bundes geworden (Hebr. 7,22). Wir werden denn auch ewig das geschlachtete Lamm vor Augen haben (Off. 5,6) und in ewiger Anbetung Ihm unseren Dank bringen. Mit Ihm vor Augen, der uns nicht allein geschaffen hat – das wusste Adam ja auch – sondern uns durch Seinen Tod erlöst hat, wird nie mehr Misstrauen in unserem Herzen aufkommen. Zudem wird kein Versucher Zugang zum neuen Himmel und zur neuen Erde haben, «in welchen Gerechtigkeit *wohnt*», wie Petrus sagt (2. Petr. 3,13). Wohnen heisst, sich bleibend niedergelassen haben. Die Gerechtigkeit wird die neue Schöpfung nie mehr verlassen; sie wird nie mehr durch Sünde verdrängt werden können. Daher wird es kein Abfallen mehr geben, es wird nie mehr zu einem Sündenfall kommen. Denn alles ist «umsonst», beruht auf Gottes freier, souveräner Gnade, und «die Gnadengaben und die Berufung Gottes sind unbereubar» (Röm. 11,29). Wie kostbar ist dieses Wort «umsonst»! Das ist Evangelium.

Vergleichen wir Vers 7 mit Vers 3, stellen wir folgenden wichtigen Unterschied fest: Dort hiess es, Gott werde bei «ihnen», also bei den Menschen als gesamte erlöste Menschheit wohnen. Hier aber werden wir daran erinnert, dass jeder *persönlich* glauben muss. Daher heisst es «*wer* überwindet». So wird dem Irrtum vorgebeugt, Gottes Gnade sei ja so weit, dass Er alle Menschen erlösen werde, auch solche, die nie daran gedacht haben, an Ihn zu glauben. Nein, jeder muss persönlich «überwinden», und das heisst, persönlich glauben, sich vor Gott demütigen, sein Leben Seiner Führung anvertrauen. Gerade die nachfolgenden Verse bestätigen, dass jeder, der nicht glaubt, von der Herrlichkeit der neuen Schöpfung ausgeschlossen bleibt...

Und dann zeigt die Wendung «ich werde *ihm* Gott sein» im Gegensatz zu «Gott wird *ihr* Gott sein» (Vers 3), dass der einzelne in der Gemeinschaft nie untergeht und zum anonymen Rädchen im Getriebe degradiert wird. Ist es nicht grossartig, dass der ewige, unumschränkte Gott sich um eine jede einzelne Seele kümmert, dass Ihm jede einzelne Seele das Blut und das Leben Seines Sohnes wert ist, dass Er dich und mich *mit Namen* gerufen hat (Jes. 43,1)? Die Bibel enthüllt damit deutlich, dass Gottes- und Menschenverachtung hinter Ideologien stehen, die aus dem Kollektiv alles und aus dem einzelnen Menschen nichts machen. Das gilt dem Grundsatz nach auch für alles Ekklesiastische, bei dem die Forderung des Kollektivs mehr gilt als die persönliche Verantwortung und der persönliche Glaube des einzelnen.

Die Überwinder sind die Glaubenden, wie wir in den Sendschreiben bereits sahen. Römer 8,37 sagt ebenfalls, dass der durch den Glauben Gerechtfertigte überwindet. Wer aber sind «die Feigen»? Das sind entsprechend die Ungläubigen. Wie viele weigern sich zu glauben, weil sie nicht den Mut haben, sich auf die Seite Jesu Christi zu stellen, weil sie das Urteil des Ehegatten, des Arbeitgebers, der Berufskollegen usw. mehr fürchten als Gott. Und wer zu feige ist, um an den Sohn Gottes zu glauben, wird auch mit allen weiteren in diesem Vers genannten Unreinheiten befleckt bleiben: Unzucht, Hass, Lüge, Götzendienst. All das wohnt ja von Natur im Herzen von uns allen (Matth. 15,19). Nur der Glaube an den Sohn Gottes kann uns davon befreien und uns von den ewigen Folgen der Sünde, dem Feuersee, dem zweiten Tod, bewahren.

Die verherrlichte Gemeinde (21,9–22,5)

Die Braut des Lammes (21,9–14)

«Und es kam einer von den sieben Engeln, welche die sieben Schalen hatten voll der sieben letzten Plagen, und redete mit mir und sprach: Komm her, ich will dir die Braut, das Weib des Lammes zeigen. Und er führte mich im Geiste hinweg auf einen grossen und hohen Berg und zeigte mir die heilige Stadt, Jerusalem, herniederkommen aus dem Himmel von Gott; und sie hatte die Herrlichkeit Gottes.»

Wie gesagt, geht der Seher zeitlich zurück, nachdem er vorher eine zusammenhängende Entwicklung bis zu ihrem Ende verfolgt hatte. In den verbleibenden Versen des Buches beschreibt Johannes die Herrlichkeit der Gemeinde im Tausendjährigen Reich. Vier Beobachtungen belegen das: Die Schilderung knüpft an das Gericht über die Hure Babylon an, wie wir unschwer erkennen, wenn wir 21,9 mit 17,1 vergleichen. Es ist wiederum einer von den Engeln, «welche die sieben Schalen hatten», der Johannes nun nicht das Urteil der grossen Hure, sondern die Pracht der Braut des Lammes zeigt. Der Fall Babylons fällt mit dem Ende der Gerichte zusammen (16,19) und wird durch die Regierung des Messias abgelöst. Somit folgt auf den Sturz Babylons die Herniederkunft der Braut. Diese wird im hier folgenden dargestellt.

Sodann lesen wir von *Heiden* und von ihren Königen (21,24). Beides wird es in der Ewigkeit nicht geben; und ebensowenig Unreines

(21,27) oder Krankheit, die der Heilung bedarf (22,2). Und schliesslich wird in der Ewigkeit keine Zeit nach Mondläufen gerechnet werden, wie das gemäss 22,2 während des Millenniums noch der Fall ist.

Obwohl noch nicht der ewige Zustand erreicht ist, ist die Gemeinde bereits zu ihrer Vollendung gelangt; denn sie hat «die Herrlichkeit Gottes», wie wir in Vers 10 lasen. Lasst uns nun die Wesenszüge der vollendeten christlichen Gemeinde betrachten.

Sie wird «Braut» und «Ehefrau» des Lammes genannt. Für menschliche Erfahrung schliessen sich diese beiden Bezeichnungen aus. Eine Braut kann noch nicht Ehefrau, und eine Ehefrau kann nicht mehr Braut sein. Die Gemeinde wird aber ewig beides bleiben. Was soll das bedeuten? Ich meine dies:

Die Braut verkörpert die *erste Liebe* zum Herrn. Oder ist es nicht so, dass eine Braut nur *einen Mann*, und diesen einen *über alles* liebt? Das und nichts anderes bedeutet die «erste Liebe», nach der sich der Herr der Gemeinde – meist vergeblich – sehnt. Wehmütig dachte der Herr in den Tagen Jeremias an die Zeit zurück, da Israel wie eine Braut ihren Herrn noch innig und ausschliesslich geliebt hatte (Jer. 2,2). Mit Schmerzen muss der Herr auch einer Gemeinde vorhalten, sie liebe nicht mehr Ihn allein und Ihn über alles (Off. 2,4). Dann, wenn wir endlich beim Herrn sind, wird unsere erste Liebe nie mehr erkalten, wie das jetzt bei uns wankelmütigen Menschen der Fall ist. Wie unsagbar schön wird das sein!

Die Ehefrau verkörpert auch Liebe, aber sie erinnert doch noch mehr an *erfüllte Sehnsucht*, an die endlich erreichte *volle Gemeinschaft*, und zwar eine Gemeinschaft, die *bleibt* und die immer inniger wird. Wie sehnen wir uns danach, endlich bei Ihm zu sein (1. Thess. 4,17); mag sein, dass wir gar «krank vor Liebe» (Hoh. 2,5) sind in unserem Warten auf den Bräutigam: «Lang hingezogenes Harren macht das Herz krank, aber ein eingetroffener Wunsch ist ein Baum des Lebens» (Spr. 13,12).

Johannes darf von einem hohen Berg das Ziel der Erlösung sehen, und wir mit ihm. Das durfte einst ein Mose auch, als er vom Gipfel des Nebo die lieblichen Auen, die fruchtbaren Haine, die frischen Quellen und kühlen Bäche des gelobten Landes schauen durfte (5. Mose 34). Anders als Mose werden wir aber in jenes Land eingehen, das uns Gott hier zeigt. Die Braut des Lammes kommt «aus dem Himmel». Das ist ihre Herkunft (Eph. 1,3+4), das ist ihre Berufung (Hebr. 3,1) und ihr Ziel (Kol. 3,1–4), das ist ihre wahre Heimat (Phil. 3,20). So hatte einst auch ein Petrus im Gesicht gesehen, wie die weltweite Gemeinschaft der Heiligen im Bild eines Tuches vom Himmel herabgelassen und dann wieder dahin hinaufgezogen wurde (Apg. 10,11+16).

Und sie hat «die Herrlichkeit Gottes». Man kann «Herrlichkeit Gottes» auch umschreiben mit *Ausstrahlen, Sichtbarwerden des Charakters Gottes*. Das hatten wir schon gehört: Die Gemeinde wird in der Vollendung die Wesenszüge Gottes selbst haben, nämlich vollkommene Heiligkeit und Reinheit – sie heisst «die heilige Stadt» in Vers 10; und vollkommene Liebe – sie ist «Braut» und «Ehefrau». In Johannes 17,22 hatte der Sohn Gottes in Seinem Gebet zum Vater gesagt: «Die Herrlichkeit, die du mir gegeben hast, habe ich ihnen gegeben.» Das wird hier erfüllt. Halten wir einen Augenblick inne. Der ewige Gottessohn wurde Mensch, lebte ein Leben der vollkommenen Hingabe an Seinen Gott und Vater (Joh. 6,38), war daher bereit, sich im Gehorsam (Phil. 2,6–8) selbst zu opfern (Hebr. 9,14). So verherrlichte Er als Mensch den Schöpfer (Joh. 17,4), den der Mensch, die Krone der Schöpfung, durch seine Sünde, seinen Unglauben, seine Rebellion entehrt hatte. Darum hat Gott Ihn erhöht (Phil. 2,9+10), verherrlicht (Apg. 3,13). Jesus hat als *Mensch* gelitten und ist «in seine Herrlichkeit eingegangen» (Luk. 24,26). Er war der erste Mensch, der in Gottes Herrlichkeit einging. In Jesus Christus empfing *ein Mensch* die Herrlichkeit Gottes. Und *diese* Herrlichkeit erwarb Er für uns, für Seine Erlösten, um sie uns zu geben. Was ist das doch für ein Gott!

Dann wird die Stadt ausführlich beschrieben:

«Ihr Lichtglanz war gleich einem sehr kostbaren Edelstein, wie ein kristallheller Jaspisstein; und sie hatte eine grosse und hohe Mauer und hatte zwölf Tore, und an den Toren zwölf Engel, und Namen darauf geschrieben, welche die der zwölf Söhne Israels sind. Nach Osten drei Tore, und nach Norden drei Tore, und nach Süden drei Tore, und nach Westen drei Tore. Und die Mauer der Stadt hatte zwölf Grundlagen, und auf denselben zwölf Namen der zwölf Apostel des Lammes.»

Es ist schon das zweite Mal, dass der *Jaspisstein* genannt wird. Wir lasen bereits in 4,3 von ihm, und er wird uns ein drittes und viertes Mal in 21,18+19 und begegnen. 4,3 lehrt uns, dass er *das Aussehen Gottes* symbolisiert; und 21,11 bestätigt es: Wenn es heisst, die Stadt habe «die Herrlichkeit Gottes», und dann anschliessend gesagt wird, ihr Lichtglanz gleiche einem Jaspis, dann schliessen wir: Der Glanz des Jaspis symbolisiert das Aufscheinen, das Sichtbarwerden der Wesenszüge Gottes. Das Symbol ist äusserst sprechend, ist doch der in der Antike als Jaspis bekannte Edelstein unser Diamant. Wie der Diamant das Licht in alle Spektralfarben bricht, so wird das himmlische Jerusalem alle Seiten der Herrlichkeit Gottes in ihrer ganzen Vielfalt aufleuchten lassen. An der Gemeinde wird die ganze Schöpfung Gottes Herrlichkeit, Gottes vielfältige Weisheit und Liebe, Macht und Treue ablesen können. Wir lesen etwas ganz Ähnliches in Epheser 3,10: «Auf dass jetzt den Fürstentümern und Gewalten in den himmlischen Örtern durch die Gemeinde kundgetan werde die gar *mannigfaltige* Weisheit Gottes.» Dabei bedeutet das griechische Wort für «mannigfaltig», *poikilos*, eigentlich *bunt schillernd*. Es ist wie ein Diamant, durch den ein Strahl der Sonne in seine unzähligen Farbtöne aufgebrochen wird.

Wie ist nun die verherrlichte Gemeinde gefügt, wie kann sie Gottes Herrlichkeit widerspiegeln? Und wie kann die Gemeinde jetzt schon etwas von der Herrlichkeit Gottes ausstrahlen (siehe 2. Kor. 3,18)? Wie kann jetzt schon geschehen, was wir in 1. Korinther 14,24+25 lesen, dass nämlich ein Ungläubiger in die Gemeinde kommt, ins Licht gestellt niederfallen und bekennen muss: «Gott ist unter euch!»? Indem sie die drei in diesen Versen genannten Dinge besitzt. Welche drei? Eine *Mauer, Tore und Grundlagen*.

Eine um eine Stadt gezogene Mauer sorgt dafür, dass niemand in die Stadt eindringen kann, der nicht erwünscht ist. Darum wird bereits vom irdischen Jerusalem gesagt: «Jerusalem, die du aufgebaut bist als eine fest in sich geschlossene Stadt» (Ps. 122,3). In die Gemeinde darf sich niemand einschleichen oder hineinstehlen (Gal. 2,4; Jud. 4; vgl. Joh 10,1), der nicht zu ihr gehört. Sie soll eine Gemeinschaft der Heiligen sein, der Blutserkauften. So lehrt uns die Mauer die grosse Lektion, dass die Gemeinde *abgesondert* ist von allem, was dem Herrn und Seinem Wesen widerspricht. Absonderung ist in den letzten Jahren wohl zu einer der unbeliebtesten Forderungen des Herrn an Seine Gemeinde geworden. Aber die

Forderung besteht. Wollen wir als Gemeinde Wesen und Willen des Herrn widerspiegeln, dann müssen wir in Wort, Wandel und Lehre *heilig*, eben abgesondert, sein (1. Petr. 1,16), dann können wir nicht am gleichen Joch ziehen mit den Ungläubigen, können wir keine Gemeinschaft haben mit den Götzen, können wir uns nicht mit einem kirchlichen System identifizieren, das immer schamloser die Züge der grossen Hure annimmt (2. Kor. 6,14–16), müssen wir uns trennen von «Gefässen der Unehre» (2. Tim. 2,22), das heisst von Ungläubigen und Irrlehrern (2. Tim. 2,17–18).

Wozu nun braucht die Mauer Tore? Damit man aus- und eingehen kann. Und daher lesen wir wiederum im gleichen Psalm vom irdischen Jerusalem: «Unsere Füsse werden in *deinen Toren* stehen, Jerusalem» (122,2). Es sollen alle, die im Blut des Lammes gewaschen worden sind (1,5; 22,14), aufgenommen werden (Röm. 15,7), und es sollen die Erlösten Umgang mit den Menschen der Welt haben, zu ihnen gehen, sie aufsuchen, um sie für den Sohn Gottes zu gewinnen, um sie durch «die Tür» (Joh. 10,9) in die Stadt zu führen. Die Mauer hat je drei Tore in alle drei Himmelsrichtungen. Das zeigt uns, dass die Gemeinde den Auftrag hat, «alle Kreatur» (Mark. 16,15), «alle Nationen» (Matth. 28,19; Röm. 1,5) mit dem Evangelium zu erreichen (Apg. 1,8). Wir sollen auch als örtliche Gemeinde möglichst nach allen Seiten, zu allen Altersgruppen und sozialen Schichten, unsere Fühler ausstrecken und uns der Menschen annehmen, sie aufsuchen, sie für das wahre Leben zu gewinnen trachten. Eine vernünftige Stadt muss beides haben: hohe Mauern und funktionierende Tore. Manch eine Gemeinde hat heute so viele offene Tore, dass keine Mauer mehr geblieben ist. Alles und jedes zieht ungehindert ein und durchsetzt die Gemeinschaft mit Aberglauben, Heuchelei, Lüge, Unreinheit und Irrlehre. Andere Gemeinden wiederum haben nur noch Mauern und keine Tore mehr. Sie sind dann nicht *für den Herrn* abgesondert – denn wären sie es, liessen sie sich von ihm in die Welt senden (Joh. 20,21; Apg. 26,17) –, sondern eher jeder Beziehung zu den Menschen entfremdet. Wir sollen gewiss als Fremdlinge durch diese Welt gehen (1. Petr. 2,11), da wir nach der himmlischen Stadt unterwegs sind (Hebr. 11,10). Aber wir dürfen dabei nicht *wirklichkeitsfremd* werden und die Welt räumen (1. Kor. 5,9+10), was übrigens auf nichts anderes als Egoismus zurückgeht. Oder ist Gleichgültigkeit gegenüber den

Verlorenen, Bequemlichkeit, Leidensscheu, Furcht vor unangenehmen Konfrontationen etwas anderes als Egoismus? oder anders gesagt: Lieblosigkeit. Wie soll aber dann an der Gemeinde die Liebe Gottes gesehen werden?

Und die Stadt hat Grundlagen. Wir lesen in Epheser 2,22, dass die Gemeinde aufgebaut ist auf der Grundlage der Apostel und Propheten. Gemeint ist natürlich nichts anderes als «die Lehre der Apostel» (Apg. 2,42). Zur Lehre der Apostel zählt selbstverständlich nicht nur das Neue Testament, sondern auch das Alte. Das zeigt sich daran, dass ein Paulus laufend aus dem Alten Testament zitierte, um die neutestamentliche Lehre zu untermauern. Die besten Beispiele sind der Römer- und der Hebräerbrief. So können wir sagen, dass die Gemeinde als Fundament das Wort Gottes selbst haben muss. Ein anderes Fundament taugt nicht. Den Herausforderungen der Zeit vermag eine Gemeinde, die teilweise auf Gottes Wort und teilweise auf Traditionen – manchmal schönfärberisch «geschichtlich Gewordenes» genannt – aufgebaut ist, nicht standzuhalten. Das Fundament wird dann absacken, und das Haus stürzt ein. Hat das der Herr denn nicht aus- und eindrücklich gesagt (Matth. 7,24–27)? Daher kann eine Gemeinde, die etwas von Gottes Herrlichkeit widerspiegeln will, nicht anders als sich ausschliesslich und radikal am Wort Gottes zu orientieren (2. Tim. 3,15–17; Jos. 1,8; Ps. 1).

Die Stadt Gottes (21,15–22,5)

«Und der mit mir redete hatte ein Mass, ein goldenes Rohr, auf dass er die Stadt messe und ihre Tore und ihre Mauern. Und die Stadt liegt viereckig, und ihre Länge ist so gross wie die Breite. Und er mass die Stadt mit dem Rohre – zwölftausend Stadien; die Länge und die Breite und die Höhe derselben sind gleich. Und er mass ihre Mauer, hundertvierundvierzig Ellen, eines Menschen Mass, das ist des Engels.»

Die Stadt wird nach der Höhe, Länge und Breite gemessen und vom Menschen auch erfasst: es ist «eines Menschen Mass». Das, was wir jetzt nie ganz vermögen, werden wir dann in Gemeinschaft mit allen Erlösten tun: «erfassen, welches die Breite und Länge und Tiefe und Höhe sei, und zu erkennen die die Erkenntnis übersteigende Liebe des Christus, auf dass ihr erfüllt sein möget zu der ganzen Fülle Gottes» (Eph. 3,18 + 19).

Die Zwölfzahl ist allem zugrundegelegt. Das bedeutet gewiss, dass das Volk der Erlösten dann von Gott vollkommen geordnet ist. Wie im alten zwölfstämmigen Israel ist ein jeder in der Geburtsliste verzeichnet, mit Namen genannt und an seinen Ort gestellt (vgl. 4. Mose 1–4). Das Ergebnis ist vollkommene Harmonie, ein gegenseitiges ungetrübtes Geben und Nehmen (Eph. 4,16); denn jeder wird genau da sein, wo ihn Gott in Seiner vollkommenen Weisheit hingestellt hat. Das, was die Sünde im Leib Christi immer gestört oder zerstört hat, wird dann in Vollkommenheit funktionieren. Die verherrlichte Gemeinde wird vollkommen befähigt sein, ihren ewigen Auftrag vollkommen zu erfüllen.

Und dann lesen wir, dass die Mauer aus *Jaspis* gebaut ist. Das ist nun wirklich interessant. Jaspis ist ja ein Hinweis auf die Herrlichkeit Gottes. Diese wirkt also wie eine Schutz- und Trennmauer. Die Herrlichkeit Gottes verbietet und verhindert, dass etwas Unreines in die Stadt eingeht. Offenbarte sich Gottes Herrlichkeit auch etwas mehr unter uns, schliche sich weit weniger Fremdes in die Gemeinden ein. Lebten wir für Ihn in Heiligkeit und Liebe, müssten wir nicht alle Tore ängstlich verschliessen wie damals die Jünger aus Angst vor den Juden (Joh. 20,19). Wir könnten sie dann allezeit offenlassen wie im himmlischen Jerusalem, wo nie Nacht, sondern immer Licht ist (21,25).

Eine Begebenheit in der Apostelgeschichte veranschaulicht das sehr schön. Die Gemeinde war in den ersten Tagen so sehr von göttlicher Liebe und göttlicher Heiligkeit geprägt, dass nichts Unreines in der «Stadt» bleiben oder in die «Stadt» eingehen konnte. Wir lesen in Apostelgeschichte 4,34+35: «Denn es war auch keiner bedürftig unter ihnen; denn so viele Besitzer von Äckern oder Häusern waren, verkauften sie und brachten den Preis des Verkauften und legten ihn nieder zu den Füssen der Apostel; es wurde aber einem jeden ausgeteilt, so wie einer irgend Bedürfnis hatte.» Das war ein kraftvolles Zeugnis von der Liebe der Jünger untereinander. Darauf folgt unmittelbar die Heuchelei von Ananias und Saphira, die deswegen von Petrus scharf gerügt und von Gott auf der Stelle gestraft werden (5,1–11). Das war eine machtvolle Offenbarung der Heiligkeit Gottes, die gemäss Psalm 93,5 seinem Haus gebührt.

Gottes Liebe und Gottes Heiligkeit: Seine Herrlichkeit zog sich wie eine Mauer um die Gemeinde; denn wir lesen: «Von den übrigen aber wagte keiner sich ihnen anzuschliessen, sondern das Volk erhob sie» (Vers 13). Erging es Erzvater Jakob nicht gleich, als ihm Gott im Traum erstmals etwas vom Haus Gottes zeigte? Als Jakob von seinem Traum erwachte, wusste er: «Das ist nichts anderes als Gottes Haus.» Und wie fand er das? «Wie furchtbar ist dieser Ort!» rief er entsetzt aus (1. Mose 28,17). Warum war er ihm so unerträglich? Weil er selbst noch so verbogen war. Er war auf der Flucht, weil er seinen Bruder hintergangen und seinen Vater im Namen des Herrn selbst schamlos angelogen hatte.

Dass nun niemand sich *anzuschliessen* wagte, heisst aber nicht, dass deswegen keine Menschen gerettet wurden; im Gegenteil: «*Aber um so mehr* Gläubige wurden dem Herrn hinzugetan» (Apg. 5,14).

Und «die Stadt war reines Gold, wie Glas». Gold ist als Element, das man nicht herstellen kann, gewiss ein Hinweis auf die göttliche Natur. Im himmlischen Jerusalem wird unsere adamitische Natur nicht mehr der freien Entfaltung der seit der Wiedergeburt uns innewohnenden *göttlichen Natur* (2. Petr. 1,4) im Wege stehen. Wir werden unserem Herrn dann gleich sein und Ihn daher auch sehen können, wie Er ist (1. Joh. 3,2). Keine Torheit, keine Sünde, keine Trägheit, keine Unreinheit, keine falschen Vorstellungen – alles Dinge, die uns heute Tag für Tag zusetzen – wird dann unsere glückselige Gemeinschaft mit Ihm trüben. Alles ist reines Gold, ohne Makel, ohne Schlacken, klar wie Glas.

«Die Grundlagen der Stadt waren geschmückt mit jedem Edelstein: die erste Grundlage, Jaspis; die zweite Saphir...»

Als erstes wird der Jaspis genannt. Was lernen wir daraus? Dass erster und oberster Grund für alles Handeln Gottes die Offenbarung seiner Herrlichkeit ist. Gott hat alles «seines Willens wegen» (Off. 4,11) und für sich (Kol. 1,16) geschaffen, sei es das Werk der Schöpfung, sei es das Werk der Erlösung: «Preise *den Herrn*, alle seine Werke an allen Orten seiner Herrschaft» (Ps. 103,22).

«Und die zwölf Tore waren zwölf Perlen, je eines der Tore war aus *einer* Perle, und die Strasse der Stadt reines Gold, wie durchsichtiges Glas. Und ich sah keinen Tempel in ihr, denn der Herr, Gott, der Allmächtige, ist ihr Tempel, und das Lamm. Und die Stadt bedarf nicht der Sonne noch des Mondes, auf dass sie in ihr scheinen; denn die Herrlichkeit Gottes hat sie erleuchtet, und ihre Lampe ist das Lamm.»

Die Perle erinnert uns an das Gleichnis vom Kaufmann, der Perlen suchte und, als er endlich ein Perle gefunden hatte, die alle andern an Schönheit übertraf, alles hergab, um diese eine Perle zu besitzen (Matth. 13,45+46). So hat Christus «die Gemeinde geliebt und sich selbst für sie hingegeben» (Eph. 5,25). Wie teuer dem Sohn Gottes Seine Gemeinde ist, wird einst in alle Himmelsrichtungen aller Schöpfung proklamiert werden. Wenn sie aber Ihm so teuer ist, können wir sie dann geringschätzen?

Was bedeuten wohl die *Strassen* aus Gold? Warum werden diese eigens erwähnt? Um es zu verstehen, müssen wir bedenken, dass Johannes in einer Zeit lebte, die weit zivilisierter war als unsere barbarische. Im Altertum diente die Strasse nicht der möglichst schnellen und ungehinderten Durchfahrt, sondern der *Begegnung mit den andern Bewohnern der Stadt.* Die Strasse war der Ort, wo man miteinander plauderte, diskutierte, Neuigkeiten austauschte, kurz: Gemeinschaft hatte. So verstehen wir das Bild: Die Strasse aus Gold bedeutet, dass im himmlischen Jerusalem alle Beziehungen der Erlösten untereinander göttlich vollkommen sein werden. Nichts wird den Austausch miteinander, die Freude aneinander, die Liebe zueinander mehr stören. Wie unaussprechlich schön muss das sein! Jetzt leiden wir auch als Erlöste noch darunter, dass wir in den Beziehungen zu den Glaubensgeschwistern sehr häufig fehlen. Unachtsamkeiten, mangelndes Feingefühl, Rücksichtslosigkeiten, Halbwahrheiten, Missverständnisse, Übertreibungen, sogar Gerüchte und Verleumdungen usw. trüben immer wieder unser Zusammenleben. Wie wird das sein, wenn nichts solches mehr je stören wird!

Die Stadt bedarf auch keines Tempels, denn ein solcher erinnerte den Menschen beständig daran, dass Sünde Gott und den Menschen voneinander trennt. Wohl bot der Tempeldienst einen Weg, auf dem der Sünder Gott nahen konnte, aber gerade dieser Umstand führte ihm eindringlich vor Augen, dass er eben von Gott getrennt war. Das wird im himmlischen Jerusalem nicht mehr sein. Dort wird der Erlöste unmittelbaren Umgang mit seinem Gott und Erlöser haben. Er bedarf auch nicht der indirekten Lichtquelle, wie es die Sonne ist; denn wir lesen im Schöpfungsbericht, dass das Licht zuerst da war und dann erst die Sonne geschaffen wurde, diese also lediglich ein sekundärer Lichtspender ist. Nichts ist mehr mittelbar, unmittelbarer Umgang mit dem Urheber des Lebens selbst bestimmt alles. Die Erlösten laben sich dann an Gott selbst als dem Quell des Lebens. Wer zu ihm kommt, braucht nicht mehr jenes Wasser zu schöpfen, das den Durst nie stillen kann und immer nachgeschöpft werden muss (Joh. 4,13 + 14). So ist Er selbst auch das Licht, und das Lamm ist die Lampe, das ist *gezielt eingesetztes* Licht. In Jesus Christus hat das Licht Gestalt angenommen, ist in diese dunkle Welt gekommen (Joh. 1,5) und hat in unsere ehemals finsteren Herzen hineingeleuchtet (2. Kor. 4,6).

«Und die Nationen werden durch ihr Licht wandeln, und die Könige der Erde bringen ihre Herrlichkeit zu ihr. Und ihre Tore sollen bei Tage nicht geschlossen werden, denn Nacht wird daselbst nicht sein. Und man wird die Herrlichkeit und die Ehre der Nationen zu ihr bringen. Und nichts wird in sie eingehen irgend etwas Gemeines und was Greuel und Lüge tut, sondern nur die geschrieben sind in dem Buche des Lebens des Lammes.»

«Ihr Licht» ist das Licht, das von der Stadt ausgeht. Dem Erlösten ist Gott selbst Licht. Die Nationen können aber das Licht nicht anders erkennen als über den Spiegel der verherrlichten Gemeinde. Das ist auch heute so, wie wir bereits in der Einleitung zu den sieben Sendschreiben feststellten: Zuerst sah Johannes die Leuchter, dann den Herrn (1,12 + 13). An den Christen können die Ungläubigen Christus selbst ablesen (2. Kor. 3,2). In jener Zeit, da Christus mit Seiner Gemeinde herrscht, werden alle Könige kommen und anerkennen, dass sie alles, was sie sind und haben, Ihm verdanken. Unvorstellbar, welcher Friede dann auf unserer jetzt so armen Erde herrschen wird! (Ps. 72,7 + 8 + 11)

Kapitel 22

«Und er zeigte mir einen Strom von Wasser des Lebens, glänzend wie Kristall, der hervorging aus dem Throne Gottes und des Lammes. In der Mitte ihrer Strasse und des Stromes, diesseits und jenseits, war der Baum des Lebens, der zwölf Früchte trägt und jeden Monat seine Frucht gibt; und die Blätter des Baumes sind zur Heilung der Nationen. Und keinerlei Fluch wird mehr sein; und der Thron Gottes und des Lammes wird in ihr sein; und seine Knechte werden ihm dienen, und sie werden sein Angesicht sehen; und sein Name wird an ihren Stirnen sein. Und Nacht wird nicht mehr sein, und kein Bedürfnis einer Lampe und des Lichtes der Sonne; denn der Herr, Gott, wird über ihnen leuchten, und sie werden herrschen von Ewigkeit zu Ewigkeit.»

Leben geht aus vom Thron Gottes. Ein lebensbringender Strom wird die Erde erneuern (Hes. 47). Lernen wir hieraus nicht, dass dort, wo man sich der Herrschaft Gottes beugt, Leben quillt. Das Leben verschlingt den Fluch, das ist den Tod: alles, was zersetzt, was entzweit, was zerstört, was Leid und Schmerz verursacht. Hier ist auch das Geheimnis eines erfüllten Christenlebens genannt. Wo wir uns bedingungslos unter Gottes Wort und Willen demütigen, erfüllt uns Sein Leben, Sein Geist, und wird unser Leben hier bereits voll, tief und fruchtbringend. Ich sage nicht leicht, ich sage nicht frei von Schmerz und Not. Solches gehört diesseits der Herrlichkeit zum Alltag auch des Christen wie das Räuchlein zum Feuer. Aber dann, wenn wir endlich bei Ihm, endlich zu Hause sind, wird kein Schmerz und kein Fluch mehr sein.

Und wir dürfen Ihm dienen. Auf hebräisch gibt es für arbeiten und dienen nur ein Wort. Wir werden in der Ewigkeit also auch arbeiten dürfen, für unseren Herrn. Arbeit ist ein Geschenk des Schöpfers an den Menschen. Gewiss, seit dem Sündenfall bedeutet Arbeit immer auch Anstrengung, Schweiss, Schmerz, bringt sie oft Enttäuschungen, wird sie zuweilen nicht gerecht belohnt. Dann aber wird Arbeit nur beglückend sein. Und wir werden Sein Angesicht sehen. Das Angesicht unseres Schöpfers und Erlösers, des Mannes von Golgatha. Was wird das sein! Der beglückendste Anblick, der dem Geschöpf gewährt werden kann. Ja, erst dann wird unsere gottgegebene Fähigkeit zu sehen, ihren höchsten Sinn erfüllen: den Schöpfer zu sehen. Wir werden Ihn dann endlich sehen, so wie Er ist (1. Joh. 3,2). Und wir werden mit Ihm herrschen, das ist regieren, in alle Ewigkeit. Nie mehr werden wir irgendeiner Knechtschaft, sei es der Sünde (Joh. 8,34), sei es der Todesfurcht (Hebr. 2,14) unterworfen sein. In den Versen 1 und 3 lasen wir von Seinem Thron. Wer sich vor Ihm gebeugt hat, wird ewig mit Ihm regieren. Wer sich selbst erniedrigt hat, wird erhöht werden (Matth. 23,12).

Mit diesem Ausblick enden die Worte der Weissagung. Die verbleibenden Verse bilden ein Schlusswort.

Schlusswort (22,6–21)

«Und er sprach zu mir: Diese Worte sind gewiss und wahrhaftig, und der Herr, der Gott der Geister der Propheten, hat seinen Engel gesandt, seinen Knechten zu zeigen, was bald geschehen muss. Und siehe, ich komme bald. Glückselig, der da bewahrt die Worte der Weissagung dieses Buches! Und ich, Johannes, bin der, welcher diese Dinge hörte und sah; und als ich hörte und sah, fiel ich nieder, um anzubeten vor den Füssen des Engels, der mir diese Dinge zeigte. Und er spricht zu mir: Siehe zu, tue es nicht. Ich bin dein Mitknecht und der deiner Brüder, der Propheten, und derer, welche die Worte dieses Buches bewahren. Bete Gott an.»

Dreimal versichert uns der Herr in der Schlussrede: «Siehe, ich komme bald» (Verse 7, 12 u. 20). Das ganze Buch der Offenbarung weckt und nährt diese Gewissheit; es weckt auch den Ruf: «Komm, Herr Jesus!» (Verse 17 u. 20). Und unsere Sehnsucht nach Ihm stärkt auch das Verlangen, Ihm zu gefallen (2. Kor. 5,7–9); «denn wer diese Hoffnung zu ihm hat, reinigt sich selbst, gleichwie er rein ist» (1. Joh. 3,3).

«Und er spricht zu mir: Versiegle nicht die Worte der Weissagung dieses Buches; die Zeit ist nahe. Wer unrecht tut, tue noch unrecht, und wer unrein ist, verunreinige sich noch, und wer gerecht ist, übe noch Gerechtigkeit, und wer heilig ist, sei noch geheiligt. Siehe, ich komme bald, und mein Lohn mit mir, um einem jeden zu vergelten, wie sein Werk sein wird.»

Die Worte über den kommenden Herrn sind nicht versiegelt, das heisst unverstehbar. Gewiss, wir vermögen nicht jeden Vers und jede Einzelheit zu erklären, aber wir verstehen die Grundbotschaft dieses Buches, wir wissen aufgrund von ihr, unser ganzes Leben auf das Kommen Jesu Christi auszurichten. Ja, die Botschaft ist so unmissverständlich, dass sie sehr deutliche Reaktionen weckt: Der eine wird sie entrüstet ablehnen und um so trotziger in Unglauben, Selbstgefälligkeit und eitler Lust verharren. Der andere wird angespornt, sich noch entschiedener dem Herrn zu heiligen. An kaum einer neutestamentlichen Wahrheit scheiden sich die Geister so schroff wie an dieser. Entsprechend der Antwort auf sie fällt das Ende eines jeden aus. Der Herr wird vollkommen gerecht belohnen; alles, was Er verheissen oder angedroht, wird Er tun. Er ist das Alpha und das Omega. Als Josua vor alters das Land der Verheissung erobert und als Erbe den 12 Stämmen ausgeteilt hatte, «fiel kein Wort dahin von allen den guten Worten, welche der Herr zu dem Hause Israel geredet hatte; alles traf ein» (Jos. 21,45). Wenn der kommt, der ein schärferes Schwert führt als der alttestamentliche Josua, wird es ebenso sein. Alles, was Er als «Alpha» von Anfang an gesprochen hat, wird Er als der «Omega» am Ende erfüllen.

«Glückselig, die ihre Kleider waschen, auf dass sie ein Recht haben an dem Baume des Lebens und durch die Tore in die Stadt eingehen! Draussen sind die Hunde und die Zauberer und die Hurer und die Mörder und die Götzendiener und jeder, der die Lüge liebt und tut.»

Schon das zweite Mal wird in diesem Buch der Baum des Lebens genannt (siehe 2,7). Wer sich im Blut des Lammes von seiner Sünde reinigt, findet wieder zum Leben, wer in seiner Sünde verharrt, bleibt ewig vom Leben ausgeschlossen. Das ist eine einfache Botschaft, von jedermann verstehbar, aber in ihrer Tragweite unabsehbar. Beachten wir den Ausdruck: «Wer die Lüge liebt». Der Mensch hatte einst im Paradies der Lüge mehr als der Wahrheit Gottes geglaubt und war vom Baum des Lebens, vom Paradies und damit von aller Glückseligkeit ausgeschlossen worden. Seit dem Sündenfall hasst der Mensch das Licht (Joh. 3,19) und liebt die Lüge (2. Thess. 2,10 + 12).

«Ich, Jesus, habe meinen Engel gesandt, euch diese Dinge zu bezeugen in den Gemeinden. Ich bin die Wurzel und das Geschlecht Davids, der glänzende Morgenstern.»

Jesus ist sowohl Herr als auch Nachfahre Davids (Matth. 22,42–45). Er war vor ihm und kam nach ihm. Er ist der Ewige (vgl. Joh. 1,14; 8,58), Er ist Gott.

Und Er ist der Morgenstern: Während es noch dunkel und bevor die Sonne aufgegangen ist, leuchtet der Morgenstern auf. So kommt der Herr, um Seine Gemeinde aus der Welt zu holen, ehe Er für alle Welt sichtbar erscheint als «die Sonne der Gerechtigkeit» (Mal. 4,2). Und Petrus sagt uns, dass der Morgenstern «in unseren Herzen» aufgeht, sogar bevor Er kommt. Wie geschieht das? Indem wir uns mit Ihm in Seinem Wort beschäftigen; denn Petrus sagt im Zusammenhang:

«So besitzen wir das prophetische Wort befestigt, auf welches zu achten ihr wohl tut als auf eine Lampe, welche an einem finsteren

Ort leuchtet, bis ... der Morgenstern aufgehe in euren Herzen» (2. Petr. 1,19).

«Und der Geist und die Braut sagen: Komm! Und wer es hört, spreche: Komm! Und wen da dürstet, der komme; wer da will, nehme das Wasser des Lebens umsonst.»

Der Heilige Geist weist zum Sohn Gottes. Das ist Sein vornehmster Dienst (Joh. 16,14). So ist Er es, der in uns, in der erlösten Schar, den Ruf weckt: «Komm, Herr Jesus!» Wann haben wir es das letzte Mal allein vor Gott gebetet, wann haben wir es als versammelte Gemeinde zuletzt gerufen? Die Antwort ist ein ziemlich zuverlässiger Gradmesser unserer Liebe zum Herrn. Und dann dieses noch: Der Heilige Geist will auch Sünder «überführen» (Joh. 16,8–11) und zum Retter führen. So ruft Er, so rufen wir: «Wen da dürstet, der komme und nehme das Wasser des Lebens umsonst.» Es ist vollkommen frei. Gott bietet uns in Seiner Gnade das Leben an, wir haben es mit nichts verdient.

«Ich bezeuge jedem, der die Worte der Weissagung dieses Buches hört: Wenn jemand zu diesen Dingen hinzufügt, so wird Gott ihm die Plagen hinzufügen, die in diesem Buche geschrieben sind; und wenn jemand von den Worten des Buches dieser Weissagung wegnimmt, so wird Gott sein Teil wegnehmen von dem Baume des Lebens und aus der heiligen Stadt, die in diesem Buche geschrieben ist.»

Angesichts einer so herrlichen Botschaft, wie es die biblische ist, verstehen wir, dass mit dem letzten Buch der Bibel Gottes Wort abgesiegelt wird. Jedes Herumflicken an ihm ist verboten. Wir dürfen zum Wort Gottes nicht menschliche Theorien, Heilslehren, Mythen, Philosophien, apokryphe «Evangelien» oder «Apokalypsen» oder Traditionen hinzufügen; denn damit stellten wir *menschliche Worte* auf eine Ebene mit dem göttlichen Wort. Das wäre gotteslästerlicher Frevel. Und wir dürfen nicht Teile der Bibel als nicht inspiriert deklarieren und tilgen wollen; denn damit zögen wir das ganze göttliche Wort auf die Ebene menschlicher Worte herab – auch das ein gotteslästerlicher Frevel. Einzig ungebrochener Glaube an Gottes Wort macht uns zu Erben aller in diesem letzten Buch der Bibel geschilderten Herrlichkeit. Unglaube – und was anderes ist es, das dem Menschen die Kühnheit gibt, Gottes lebendige Aussprüche anzutasten? – schliesst mich von allen von Gott bereiteten Segnungen ewig und unwiderbringlich aus.

«Der diese Dinge bezeugt, spricht: Ja, ich komme bald. – Amen; komm, Herr Jesus!

Die Gnade des Herrn Jesus Christus ist mit allen Heiligen.»

Ein letztes Mal ruft uns unser Herr und Retter zu: Ich komme bald. Und wir entgegnen: Komm, Herr Jesus! Das ist die Antwort des Glaubens an Ihn und der Liebe zu Ihm. Und bis Er kommt, bleibt Seine Gnade mit uns. Es ist dies der letzte Satz der Bibel, das letzte Wort unseres Herrn an Seine Heiligen. Welch kostbares Wort! Durch alle Wechselfälle des Lebens hindurch, bei allen Klippen und Schlingen, an denen wir noch vorbei müssen, bis wir endlich jenes grosse Ziel erreicht haben, bleibt Seine Gnade mit uns. Daher haben wir in allen unseren Anfechtungen und trotz mannigfaltigem Versagen grossen Trost und grosse Gewissheit. Wir werden bald bei Ihm sein, wir alle, es wird keiner fehlen.

«Und also werden wir allezeit bei dem Herrn sein. So tröstet nun einander mit diesen Worten» (1. Thess. 4,19 + 20).

Bestell-Nr. 71 321

Benedikt Peters/
Bruno Schwengeler
100 Fragen zur Bibel
«Schwierige» Stellen und ihre Erklärung
Pb, 240 S., Fr. 17.—,
DM 19.80, öS 154.40

«War Paulus ein Frauenfeind?», «Die Sünde wider den Heiligen Geist», «Rache-
lüsterne Aussagen im Wort Gottes?», «Verwendet Gott Notlügen?», «Zwei Ge-
schlechtsregister Jesu?», «Hielt Gott die Sonne auf?», «Wer ist der Cherub?»,
«Für Tote taufen?» – solche und viele weitere Fragen und Themen wie «Krema-
tion», «Sabbath», «Handauflegung», «Essen von Blutwurst», «Schwören»
usw. werden hier ausführlich behandelt und helfen dem Leser, auch bei Bibelstel-
len, die oft von Sondergruppen und -lehren missbraucht werden, einen klaren
Standpunkt einzunehmen.